Katrin Langholf

Von der Schönheit, Frau zu sein

Heilung und Entfaltung der Weiblichkeit

Bibliografische Information der Deutschen Bibliothek
Die Deutsche Bibliothek verzeichnet diese Publikation in der Deutschen
Nationalbibliothek; detaillierte Daten sind im Internet über
http://dnb.ddb.de abrufbar.

1. Auflage 2014

© Katrin Langholf
© Sheema Medien Verlag, Hirnsberger Str. 52, 83093 Antwort
Tel.: 08053 – 7992952 , Fax: 08053 – 7992953, http://www.sheema-verlag.de
© Bildmaterial: Archiv Katrin Langholf, Archiv Sheema Medien Verlag

ISBN 978-3-931560-15-7

Gesamtkonzeption: Sheema Medien Verlag, Cornelia Linder
Covergestaltung: Schmucker-digital
Lektorat: Anna Scherer
Druck und Bindung: FINIDR, s.r.o., Český Těšín

Haftungsausschluss:
Dieses Buch dient keinem rechtlichen, medizinischen oder sonstigen berufsori-
entierten Zweck, sondern ausschließlich Bildungszwecken. Die hier gegebenen
Informationen ersetzen keine fachspezifische Beratung oder Behandlung. Wer
rechtlichen, medizinischen oder sonstigen speziellen Rat oder Hilfe sucht, sollte
sich an einen geeigneten Spezialisten wenden. Autorin und Verlag übernehmen
keine Haftung für vermeintliche oder tatsächliche Schäden irgendeiner Art, die in
Verbindung mit dem Gebrauch oder dem Vertrauen auf irgendwelche in diesem
Buch enthaltenen Informationen auftreten könnten.

Ich widme dieses Buch
meinen drei wunderbaren Töchtern

Anna, Louisa und Mira

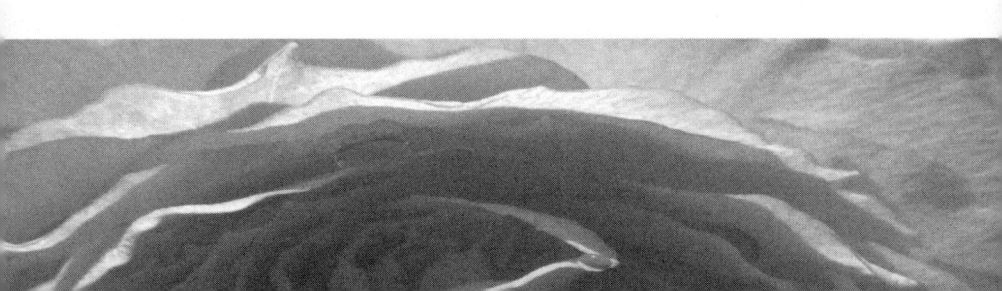

Inhalt

Begrüßung

Liebe Leserin, geneigter Leser,

ich heiße Sie herzlich willkommen und freue mich, dass Sie mein Buch in den Händen halten. Bevor es losgeht, möchte ich im Vorfeld ein paar Anmerkungen machen, damit Sie die Art und Weise, in der dieses Buch geschrieben ist, nachvollziehen können.

Die Einsichten, die ich über das Wesen der Weiblichkeit gewonnen habe, sind zu einem großen Teil aus der Erfahrung mit mittlerweile Tausenden von Klientinnen entstanden und der Fähigkeit der inneren Schau, die ich mithilfe meiner ersten Lehrer Isa und Yolanda Lindwall entwickeln durfte. Insofern ist dieses Buch im strengen Sinn kein wissenschaftliches Werk. Wenn Sie Interesse an wissenschaftlichen Forschungen haben, die meine Erkenntnisse untermauern, habe ich im Anhang entsprechende Literatur für Sie zusammengestellt. Besonders die moderne Hirnforschung konnte in den vergangenen Jahrzehnten immer wieder aufs Neue belegen, was Heiler, Seher, Weise und Mystiker der verschiedensten weltanschaulichen Traditionen seit Jahrhunderten gesagt und gelehrt haben.

Neben den allgemeinen Literaturhinweisen im Anhang habe ich an einigen Stellen im Text mit Zahlen versehene Sternchen eingefügt, die konkrete Verweise auf bestimmte Bücher geben oder auch vertiefende Anmerkungen von mir selbst. So wird der Fluss meiner Gedanken im Buch nicht durch zu ausführliche Detailinformationen gestört und Sie haben gleichzeitig die Möglichkeit, sich ausführlich zu informieren.

Des Weiteren möchte ich etwas zur Wahl des Geschlechts in meiner Textsprache sagen: Es ist für mich, wie sicherlich für viele Autorinnen der heutigen Zeit, die sich mit dem Thema Weiblichkeit auseinandersetzen, ein Dilemma, ein Buch über Weiblichkeit zu schreiben in einer Sprache, die sich so entwickelt hat, dass allgemeine Attribute oft selbstverständlich im männlichen Geschlecht

ausgedrückt werden. Ich bin jedoch keine Freundin von „Anrufbeantworterinnen" und dergleichen und fühle mich in der Sprachform, mit der ich aufgewachsen bin, am wohlsten. Besonders störend finde ich den/die Versuch/e alles unter einen oder mehrere Hu(ü)t/e zu bringen. Ich hätte dieses Buch sicher um etliche Seiten verlängern können, wenn ich diese Technik angewandt hätte, und Sie hätten das Buch vermutlich nach kürzester Zeit entnervt beiseite gelegt. Es gibt eine einzige Stelle, wo ich es trotz alledem so gehalten habe, aber wirklich nur ganz kurz.

Um dem Thema Weiblichkeit im Rahmen unseres allgemeinen Sprachgebrauchs ihren Tribut zu zollen, habe ich, wenn es um konkrete Beispiele geht, als Protagonisten immer Klientinnen gewählt. Das heißt natürlich nicht, dass all diese Themen für Männer nicht genauso relevant sein können. Was es mit der geschlechtlichen Identifikation auf den verschiedenen Ebenen unseres Wesens auf sich hat, wird im Verlauf des Buches ausführlich zu lesen sein.

Die Struktur der Themen im zweiten Teil ist der theoretischen Grundlage meiner Jahresgruppen für Frauen entliehen. Sie können aus diesem Buch also lesen, was ich theoretisch so mache. In der Praxis geht es natürlich immer um den eigenen Weg, das individuelle Wachstum und die Heilung durch bestimmte Methoden, Erfahrungen und konkrete Vollzüge.

Nun hoffe ich, dass ich alle Unklarheiten beseitigt habe, und wünsche Ihnen viel Spaß beim Lesen.

Ihre Katrin Langholf

Einleitung

„Frau-Sein" ist ein Begriff, der seit etlichen Jahren in aller Munde ist. Es wird darüber geschrieben, gesprochen und diskutiert. Das Thema Weiblichkeit ist längst in den Blick der Öffentlichkeit geraten. Wenn man genauer hinschaut, kann man dabei zwei grundsätzliche Strömungen beobachten:

Da gibt es zum einen den politischen Ansatz, der aus der Bewegung des Feminismus und der Emanzipation des vergangenen Jahrhunderts hervorgegangen ist. Diese Bewegung hat es sich zur Aufgabe gemacht, die Frau, sowohl auf der individuellen wie auch der gesellschaftlichen Ebene darin zu unterstützen, ihre herkömmlichen Rollenbilder und deren damit verbundenen Begrenzungen zu hinterfragen und zu überwinden. Sie befasst sich mit der Anerkennung und Würdigung der Frau in der Gesellschaft. Sehr viel dreht sich in diesem Zusammenhang um das Thema „Gleichberechtigung". Diese Bewegung verdient meiner Meinung nach den größten Respekt, vor allem wenn man bedenkt, dass die ersten Frauen, die sich aus ihrem „Joch" erhoben haben, dies unter den größten persönlichen und gesellschaftlichen Entbehrungen getan und den Weg für uns nachfolgende Generationen bereitet und geebnet haben.

Die meisten Frauen in unserer Zeit sind in Bezug auf die äußeren Bedingungen ihres Lebens in der Lage, ein weitgehend selbstbestimmtes Leben zu führen, Berufe zu erlernen, die sie materiell unabhängig machen und den Ausdruck ihrer kreativen Kraft ermöglichen. Das ist für uns inzwischen schon selbstverständlich, ist aber den mutigen und beharrlichen Bemühungen jener Frauen zu verdanken, die damals aufgestanden sind und sich auf den Weg gemacht haben. Dieser Prozess ist in seiner ganzen Konsequenz bis heute noch nicht abgeschlossen.

Was im ganzen Emanzipationsprozess jedoch vielfach aus dem Blick geraten scheint, ist die weibliche Energie an sich, die einen essenziellen Aspekt unseres Seins als Frau ausmacht.

Wir haben (mehr oder weniger) gelernt, uns in der männlich-patriarchalisch strukturierten Wirklichkeit zurechtzufinden und durchzusetzen – zum Preis einer energetischen Selbstunterdrückung. Weibliche Energie oder Essenz und deren natürlicher Ausdruck wird heutzutage oft gleichgesetzt mit einer Schwäche, die überwunden werden muss. Was zählt, ist Leistung, Zielorientierung, Klarheit und Erfolg.

Das Problem ist, dass wir unsere weibliche Natur zwar leugnen können, uns das aber auf lange Sicht nicht guttut. Wir fühlen uns ausgebrannt, leer, unzufrieden und entwickeln darüber hinaus neue Abhängigkeiten, wie zum Beispiel alle möglichen Spielarten von Süchten – über Esssucht, Attraktivitässucht, Jugendwahn, Perfektionismus und vieles mehr. Die Ursache liegt, nebst der vielen individuellen Themen, auf die ich zum Teil später eingehen werde, darin, dass wir als Frauen nicht mehr in der Lage sind, mit unserer weiblichen Energie in unserer Mitte zu ruhen. Wir haben vergessen, wie es ist, Frau zu sein – und zwar nicht im Sinne einer angepassten unterdrückten „Mutti", sondern im energetischen Sinn, der sich jedoch auch immer auf unser Denken, Fühlen und Handeln auswirkt.

So kann man sagen, dass die zweite Strömung der Weiblichkeitsthematik damit zu tun hat, sich dem eigentlichen Wesen des Weiblichen wieder anzunähern, es zu verstehen, anzunehmen und zu heilen.

Beide Strömungen sind nicht voneinander zu trennen, denn ohne die Freiheit, unseren individuellen Selbstausdruck zu finden und die Anerkennung durch die Gesellschaft als vollwertiger Mensch, wären wir auch nicht frei, uns als Frau selbst zu entdecken und uns darin aufzurichten.

Unsere weibliche Essenz ist ein natürlicher Ausdruck von Kraft und Schönheit, die das Potenzial birgt, durch jede Frau zu strahlen und in ihr zu wirken. Im Kontakt mit dieser Essenz können wir das Mysterium des Frau-Seins erfahren, die Fülle des Lebens kosten und die natürliche Kreativität, die dem weiblichen Prinzip zugrunde liegt, zum Ausdruck bringen.

Dieses Buch soll Frauen darin unterstützen, die Wurzeln ihrer Weiblichkeit wieder zu entdecken und sich mit ihnen zu verbinden. Ich möchte mich mit Ihnen auf eine Reise in die individuelle und kollektive Geschichte der Weiblichkeit begeben und aufzeigen, warum und wie es dazu gekommen ist, dass die Frau von den Wurzeln ihrer weiblichen Energie entfremdet wurde. Es werden verschiedene Themen und Aspekte zur Sprache kommen, die sich in meiner langjährigen Arbeit mit Frauen als häufige und damit relevante Themen herauskristallisiert haben, Themen, die der Betrachtung und Heilung bedürfen.

Darüber hinaus werde ich praktische Anregungen geben, die Sie für sich umsetzen können und die Sie dabei unterstützen werden, Ihr weibliches Potenzial zu befreien, wenn Sie es möchten.

Sie können dieses Buch also einfach als Sach- und Informationsbuch lesen, sind aber auch eingeladen, sich auf einen inneren Prozess einzulassen, um mehr über das Frau-Sein zu erfahren und sich auf einer tieferen Ebene als Frau selbst zu begegnen.

Viel Spaß damit in beiden Fällen!

Teil I

Orientierungs-
wissen

1. Kapitel
Der Mensch –
ein multidimensionales Wesen

Die individuelle Ebene

Bevor wir uns nun in die Gefilde der Weiblichkeit begeben, möchte ich zunächst klarstellen, dass Frauen und Männer erst einmal Menschen sind. Ein Mensch ist ein vielschichtiges Wesen. Dieses Wesen hat einen physischen Körper mit den unterschiedlichsten genetischen, sozial- und umweltbedingten Anlagen, diverse sogenannte *feinstoffliche Körper* [*1], die in und um diesen physischen Körper liegen, eine Persönlichkeit, eine Seele und den Geist, der in diesem Zusammenhang nicht mit der mentalen Ebene oder dem Verstand gleichzusetzen ist.

Ich werde kurz auf die Begriffe *Persönlichkeit*, *Seele* und *Geist* eingehen. Sie werden in verschiedenen Zusammenhängen immer wieder ein wenig unterschiedlich definiert, und deshalb erscheint es mir sinnvoll, eine gemeinsame Verständigungsgrundlage für uns zu schaffen. Auf die Ebene der *feinstofflichen Körper* werde ich im 2. Kapitel zurückkommen.

Die **Persönlichkeit** ist die Instanz in uns, die normalerweise „Ich" sagt. Psychologisch könnte man sie definieren als die Konstellation aller individuellen Eigenschaften, die sich auf Denken, Fühlen und Handeln auswirken. Ihr Streben dient dem Überleben, dem Wachsen, der Anpassung und der Veränderung.

Unsere Persönlichkeit wird geprägt durch unsere physische und psychische Konstitution, soziale Prägungen und Umwelteinflüsse,

kulturelle Normen und Werte und natürlich alle Erfahrungen, die wir im Laufe unseres Lebens machen. Besonders prägend sind dabei die Erfahrungen in unserer Kindheitsentwicklung, und in diesem Zusammenhang spielen wiederum die familiären Beziehungen eine herausragende Rolle.

Den Begriff *Seele* definiere ich hier auf folgende Weise: Sie ist ein individualisierter Ausdruck des Lebens, der nach Erfahrung und Wachstum strebt. Die Seele bewohnt den physischen Körper, in welchem sie bestimmte Erfahrungen macht, die zu ihrer Reifung und Entwicklung beitragen. Es ist wahrscheinlich, dass die Seele mehr als nur die momentane Erfahrung in diesem aktuellen Körper macht, der gerade diese Zeilen liest. Sie ist darüber hinaus auch eine Vermittlerinstanz zwischen der Ebene der Persönlichkeit und den überpersönlichen Aspekten (Geist) unseres Wesens. Und wenn wir tatsächlich davon ausgehen, dass wir mehrere Erfahrungen in verschiedenen physischen Körpern machen, so ist die Seele auch Informationsträger aller Erfahrungen, die die verschiedenen Personen gemacht haben, die wir einmal gewesen sind. So wirkt die Seele immer auch auf unsere Persönlichkeit und auf unseren Körper. Man könnte das einen „seelosomatischen" Prozess nennen, in Anlehnung an den bekannten psychosomatischen Prozess, bei dem die psychische Verfassung Auswirkungen auf das körperliche Wohlbefinden hat. Die Seele wird auf unserer Reise eine wichtige Rolle spielen.

Der *Geist* ist in unserem Zusammenhang als transpersonale, kausale Energie zu verstehen. Der Ursprung und die Ursache allen Seins. Der Atheist würde vielleicht sagen, die Urmaterie, aus der der Urknall entsprang, der Gläubige würde diese Kraft als Gott oder göttliche Energie bezeichnen.

Ich möchte mich hier keinem Lager verpflichten, nur bin ich der festen Überzeugung, dass diese Kraft mit einer sinnhaften und sinnstiftenden Intelligenz versehen ist, die auf einer Ebene wirkt, welche jenseits unseres begrenzten und rationalen Verstandes wirkt. Die Essenz unserer Seele ist untrennbar mit dem Geist verbunden.

Viele Meister der unterschiedlichsten religiösen und spirituellen Traditionen sagen sinngemäß: Die Seele zieht hinein in das Spiel des Lebens, um sich zu erfahren, sich zu erkennen und am Ende bewusst in die Einheit mit dem reinen Sein des Geistes zurückzukehren.

Ein schönes und spannendes Spiel, könnte man meinen. Aber dazu später mehr.

In diesen grundsätzlichen Aspekten sind wir als Frauen oder Männer gleichermaßen bestückt und in derselben Mission unterwegs. Wie Novalis so treffend sagte: „Wohin gehen wir? Immer nach Hause."

Die kollektive Ebene

Nun gibt es neben dieser *individuellen Ausstattung* aber noch eine andere wesentliche Dimension, die den Menschen und seine Erfahrungswelt beeinflusst. Auch dieses Phänomen betrifft beide Geschlechter. Der Mensch ist nämlich nicht nur ein individuelles, sondern auch ein *kollektives* Wesen. Das bedeutet, dass wir zu unserer individuellen Ausstattung und Erfahrung zusätzlich mit sogenannten *kollektiven Feldern* verbunden sind. In manchen Zusammenhängen werden sie auch morphische oder morphogenetische Felder genannt.*2

Den Begriff des Feldes kann man in diesem Zusammenhang mit einem Spielfeld vergleichen. Auf einem Fußballplatz ist das Feld so angelegt, dass man dort mit allen entsprechenden Regeln, Linien, Toren etc. Fußball spielen kann. Ein Ballettsaal braucht andere Voraussetzungen, zum Beispiel Stangen, einen Parkettboden und Spiegel. So ist es wahrscheinlich, dass auf dem Fußballplatz Menschen zusammenkommen, die Fußball spielen, und im Ballettsaal wird man diejenigen antreffen, die tanzen möchten. Das heißt, ein Feld bietet einen Raum, der durch entsprechende Voraussetzungen einen bestimmten Erfahrungsinhalt ermöglicht und in sich trägt.

Ein kollektives Feld im hier gemeinten Sinn ist nicht sichtbar. Die Voraussetzungen für kollektive Felder ergeben sich aus dem *Gesetz der Resonanz*. Dieses Gesetz ist ein physikalisches Prinzip und lässt sich gut anhand musikalischer Phänomene erklären. Sie können das selbst einmal ausprobieren: Wenn Sie in ein Musikgeschäft gehen, in dem verschiedene Instrumente in einem Raum stehen, dann können Sie zum Beispiel auf einem der Instrumente eine beliebige Saite in Schwingung versetzen. Alle anderen Instrumente, die eine Saite mit derselben Tonfrequenz haben, werden von allein mitschwingen und klingen. Das bezieht sich aber nicht nur auf Musikinstrumente. Als ich neulich Klavier spielte, fing die Metallschaufel an unserem Holzofen immer dann an zu klingen, wenn ich einen bestimmten Ton anschlug. Oder es kommt vor, dass eine Gitarrensaite klingt, wenn man laut niest.

Das Phänomen der kollektiven Felder wurde schon von C. G. Jung erforscht.*[3] Man betrachtet sie als energetische Speicher, die irgendwo in der Atmosphäre herumwabern und sich mit bestimmten Erfahrungsinhalten menschlichen Lebens füllen. Es gibt die verschiedensten kollektiven Felder, und jeder Mensch (und jedes Lebewesen) ist spezifisch mit den kollektiven Feldern in Resonanz, die mit seiner Erfahrungswelt in Verbindung stehen. Das heißt, dass zum Beispiel ich, als Deutsche, Frau, Ehefrau, Mutter, unter anderem mit dem kollektiven Feld der Mütter, der Deutschen, der Ehefrauen usw. in Resonanz schwinge.

Diese Felder entstehen durch ähnliche Erfahrungen, die mehrere Individuen eines gemeinsamen Erfahrungsfeldes machen. Die Felder und die Individuen beeinflussen sich gegenseitig, das heißt, wir als Individuen speisen dieses Feld mit unseren Erfahrungen, und das Feld wiederum wirkt auf unsere individuellen Körper, wenn es eine gewisse spezifische Kraft durch Masse erreicht hat.

Es gibt in der Forschung einen interessanten Versuch, den Ken Keyes *[4] überliefert hat: Auf der Insel Koshima in Japan wurde eine Affenkolonie über 30 Jahre lang beobachtet. Die Affen ernährten sich gerne von Süßkartoffeln. Im Jahre 1952 lernte eine junge Affendame namens Imo, dass sie den lästigen Sand, der immer an der Kartoffelschale haftete, an einem nahe gelegenen

Fluss mit Wasser abwaschen konnte. Diese Erkenntnis gab sie an ihre Mutter weiter, und so entstand ein allmählicher Prozess, der bis zum Jahre 1958 andauerte, in dem immer mehr Affen lernten, diese Technik anzuwenden. Eines Tages gab es jedoch plötzlich einen markanten Umschwung, als von einem Tag auf den anderen plötzlich fast alle Affen auf dieser Insel ihre Kartoffeln im Wasser abwuschen. Damit jedoch nicht genug – an jenem bestimmten, kritischen Punkt, an dem die Erfahrung ausreichend Informationsmasse erzeugt hätte, wuschen plötzlich auch jene Affen, die auf der benachbarten Insel lebten und die noch nie angefangen hatten, sich mit diesem Thema zu befassen, ihre Kartoffeln ab. Man spricht seitdem vom 100-Affen-Prinzip, ohne dass es sich in Wirklichkeit um genau 100 Affen gehandelt haben muss. Die 100 Affen stehen stellvertretend für die Masse, die es braucht, um individuelle Bemühungen oder Erfahrungen dem Kollektiv zugänglich zu machen.

In der Geschichte der Menschheit hat es immer Phasen und Paradigmen gegeben, die dazu geführt haben, dass durch ähnliche Erfahrungen vieler Menschen ein starkes, kollektives Feld entstehen konnte. Um nur ein paar zu nennen: die Zeit der Inquisition, Kriege, verschiedene Wirtschaftslagen, Gesellschaftsformen sowie häufige Erfahrungen, die vom Stand der Wissenschaft beeinflusst wurden, zum Beispiel die Sterblichkeitsrate bei Geburten und vieles mehr. Diese Erfahrungen führen zu Überzeugungen über die Realität, und das Empfinden und Verhalten passt sich diesen Überzeugungen an.

Jene Erfahrungen resonieren in unserem individuellen Feld, bis eine neue, stärkere Informationsmasse ihre Zugkraft aufhebt. Dies kann geschehen, indem neue Erlebnisse in Bezug auf ein bestimmtes Thema ab einem konkreten Zeitpunkt überwiegen oder alte Energien bewusst aufgelöst werden. Vor längerer Zeit hatte ich eine Klientin, die mit ihrem Mann gemeinsam einen Bauernhof betrieb. Sie stand unter starker innerer Anspannung. In der Arbeit mit ihr kamen wir in Kontakt mit dem alten kollektiven Feld der Landwirte vergangener Zeit, wo die Natur und ungünstige Wetterbedingungen mit einem Handstreich eine ganze Existenz vernichten konnten. Ich will zwar nicht behaupten, dass eine Missernte in der heutigen Zeit keine Bedeutung für einen Landwirt hat, aber in

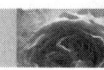

unserer Gesellschaft sind die meisten Bauern für einen solchen Fall versichert, sodass keine akute Lebensgefahr besteht. Diese Erinnerungen aufzuspüren und zuzuordnen, kann sehr erleichternd und klärend für eine Person sein. Die Anspannung meiner Klientin löste sich nach unserer Arbeit komplett auf.

Man sollte die Bedeutung der kollektiven Ebene nicht unterschätzen. Vor allem, wenn man versucht zu verstehen, wie und warum es im normalen und modernen Leben gelegentlich zu merkwürdigen Reaktionen, körperlichen Erscheinungen und Empfindungen kommt. Um nur ein Beispiel zu nennen, haben viele Frauen heutzutage das unbestimmte Gefühl, ihr Leben, besonders auf der materiellen Ebene, nicht eigenständig bewältigen zu können. Dieses Gefühl kann entweder deutlich als Angst empfunden werden, oder es wirkt ganz subtil im Untergrund, zum Beispiel als Anspannung. Oft haben die betreffenden Frauen eine sichere Arbeitsstelle. Die Angst, die hier wirkt, kommt häufig aus dem kollektiven Feld, aus einer Zeit, in der Frauen tatsächlich materiell abhängig von ihren Männern waren.

Die historische Ebene

Diese Ebene wirkt sich im Erleben eines Menschen auf zweierlei Weise aus: Wenn wir annehmen, dass wir als seelische Wesen tatsächlich zu verschiedenen Zeiten in verschiedenen Körpern gelebt haben, dann nimmt unsere Seele, als Informationsträger, Erfahrungen aus der Vergangenheit mit in die Gegenwart und die Zukunft. Manche Erinnerungen sind neutral oder sogar stärkend für unser Selbst- und Lebensgefühl, andere dagegen schwächen und beeinträchtigen uns. Eine Klientin erinnerte sich in einer Sitzung an ein vergangenes Leben, wo sie bei einer Naturkatastrophe ihre Familie und ihre gesamte Lebensgrundlage verloren hatte. Sie war zu mir gekommen, weil sie eine tiefe Lebensangst verspürte, die sich fast vollständig auflöste, nachdem wir dieses alte Trauma in ihrer Seele bearbeitet hatten.

Der zweite Wirkungsbereich unserer geschichtlichen Entwicklung liegt im kollektiven Feld. Selbst wenn ich nicht persönlich eine

bestimmte schmerzhafte Erfahrung gemacht habe, zum Beispiel bei der Geburt eines Kindes gestorben bin, so ist diese Erfahrung aus vergangenen Zeiten so tief im Feld des Kollektiven verankert, dass ich vielleicht trotzdem so etwas wie Todesangst spüre, wenn ich erfahre, dass ich schwanger bin. Natürlich sind Schwangerschaft und Geburt immer lebensverändernde Ereignisse und ambivalente Empfindungen dabei ganz normal, aber wenn eine Frau in Panik ausbricht, dann kann es manchmal eine große Hilfe sein, diese Aspekte zu untersuchen, um sie zu entlasten.

Es gibt eine unendliche Vielfalt an Themen, die aus der historischen Vergangenheit relevant für unser derzeitiges Leben sein können. Ich möchte für unseren Zusammenhang auf zwei wesentliche eingehen, die im zweiten Teil des Buches immer wieder zur Sprache kommen werden:

Das *Patriarchat* ist eine Gesellschaftsform, die einen sehr großen und überwiegend negativen Einfluss auf die Frau und ihre Weiblichkeit hat. Ich bin keine Historikerin und kann deshalb nicht genau datieren, wann und unter welchen Umständen sich diese Gesellschaftsform entwickelt hat. Das Patriarchat zeichnet sich dadurch aus, dass es dem Mann eine Übermachtstellung gegenüber der Frau einräumt. Die Frau wird als ein Wesen zweiter Klasse betrachtet und behandelt. In den Blütezeiten des Patriarchats, galt eine Frau als unmündig und dumm. Es war selbstverständlich, dass ein Mann das Recht hatte, nach Belieben über sie zu verfügen. In diesen Gesellschaftsformen hat eine Frau nicht die Möglichkeit, ein materiell eigenständiges Leben zu führen, und ist für ihr Überleben gewissermaßen von der Gnade des Mannes abhängig – von einem Anrecht auf Glück, Selbstverwirklichung und Selbstbestimmung ganz abgesehen. Im Patriarchat erfahren Frauen sehr häufig körperliche und sexuelle Gewalt und werden dadurch traumatisiert.

Das Patriarchat ist bis heute lebendig; in manchen Kulturen sehr deutlich in der oben beschriebenen Weise, in anderen eher als subtiles Relikt, so wie in unserer westlichen Gesellschaft. Hier in Deutschland hat eine Frau zwar grundsätzlich kein Problem, ein selbstbestimmtes Leben zu führen, aber es ist zum Beispiel immer

noch weitgehend normal, dass sie für die gleiche Arbeit erheblich weniger Geld verdient als ein Mann.

Während das Patriarchat für viele Menschen bekannt und sichtbar ist, verhält es sich mit dem *Matriarchat* ganz anders. Zum einen ist es viel weniger bekannt als das Patriarchat. Aber in Kreisen, in denen sich Menschen und besonders Frauen mit alternativen Gesellschaftsstrukturen befassen, wird das Matriarchat häufig als eine Gesellschaftsform idealisiert, in der Gleichheit und Gerechtigkeit herrschen. Das mag für manche dieser Lebensformen zutreffen. Was jedoch wenig bekannt ist: In der Menschheitsgeschichte hat es matriarchalische Gesellschaftsformen gegeben, die in ihrer Geringschätzung und Unterdrückung des anderen Geschlechts dem Patriarchat in nichts nachstanden. Obwohl wir in unserer heutigen westlichen Kultur weit davon entfernt sind, ist diese Information für die innere Arbeit sehr wichtig, da Erfahrungen aus beiden extremen Gesellschaftsformen unser Lebensgefühl und vor allem die Beziehung zum jeweils anderen Geschlecht sehr wesentlich mitbeeinflussen.

Schöpfer oder Geschöpf?
Ein metaphysischer Exkurs

Was hat es mit all diesen Ebenen auf sich? Worum geht es in diesem seltsamen Spiel, welches „das Leben" genannt wird? Wer sind wir darin?

Ich möchte zunächst ein kleines Gedankenspiel mit Ihnen machen *5: Wenn es tatsächlich so ist, dass alles, was existiert, aus einer Art Urkraft entstanden ist – nennen Sie es Gott oder schöpferische kosmische Energie oder nennen Sie es den Urknall – so wäre es letztendlich so, dass in allem, was ist, das Eine enthalten ist. Dieses Eine ist die *lebendige Essenz des Lebens*, auf die alles, was existiert, zurückzuführen ist, und was dort, also in allem, was existiert, ein und dasselbe ist.

Stellen wir uns jetzt vor, reines schöpferisches Sein – jene Essenz – ergießt sich in verschiedene Formen, um sich im Spiegel dieser Formen bewusst zu erkennen. Stellen wir uns weiterhin vor, diese Uressenz des Lebens ist selbsterfüllt, frei, unbegrenzt kreativ und ihrem Wesen nach liebend. Und dann fällt dieser Kraft auf einmal ein, ausprobieren zu wollen, wie es wäre, wenn man eine Realität erschafft, in der die Erfahrung des Begrenztseins die Grundlage der Realitätserfahrung ist. Ziel des Spiels ist es, in einem Raum von Kontrasten, das eigene schöpferische Potenzial durch Erfahrungen, Wünsche und Vorlieben zu entfalten und dadurch die Vielfalt des Lebens zu erweitern. Es ginge darum, viele Abenteuer zu erleben und am Ende zu erkennen, wer ich in Wahrheit bin, nämlich frei, selbsterfüllt, unbegrenzt kreativ und meinem Wesen nach liebend.

Die größte Herausforderung besteht zunächst einmal darin, absolut glaubwürdige und geniale Umstände zu erschaffen, die die Protagonisten dieses Spiels davon überzeugen, dass sie und ihre Realität tatsächlich begrenzt sind. Ein unglaublich geniales Unterfangen, wenn es gelingt. Und ich glaube: Es ist tatsächlich wirklich gut gelungen! Ein sehr interessanter Film, der diese Thematik auf eine etwas nihilistische Weise aufgreift ist „Matrix". Umgekehrt bedeutet das, dass alles Erleben, welches weniger als frei, selbsterfüllt, kreativ und liebend ist, nicht der Wahrheit dessen entspricht, was wir unserem Wesen nach sind.

Wir sind in unserem Körper, in dieser Erfahrungswelt gleichermaßen Schöpfer und Geschöpf. Es gibt die Anteile in uns, die in der Trance leben, dass diese Welt, die uns umgibt, die unumstößliche Realität ist – inklusive aller Gesetzmäßigkeiten, die darin existieren. Und es geht sogar so weit, dass es Anteile von uns gibt, die ausschließlich in dieser Realitätsebene überhaupt existieren. Aber es gibt auch einen Seins-Aspekt in uns, den manche zum Beispiel das *wahre Selbst* oder das *höhere Bewusstsein* nennen. Unser wahres Selbst ist die ganze Zeit Beobachter in diesem Spiel des Lebens, immer eins mit der wahren Essenz unserer schöpferischen Freiheit und am schöpferischen Prozess unserer „Geschichte" maßgeblich beteiligt.

Was im Laufe dieses Spiels geschieht, ist, dass sich die meisten Menschen in dem „begrenzten" Teil ihres Selbst verloren und

den Zugang zu ihrer Essenz oder dem wahren Selbst vergessen haben. Dieser Vorgang führt dazu, dass wir uns mit dem persönlichen Drama unseres Lebens identifizieren. Das ist aber kein Problem, denn irgendwann wird jeder aus diesem Spiel erwachen – und Zeit spielt dabei keine Rolle, denn letztendlich ist sie auch nur ein Konstrukt dieser Realitätsebene. Wie Maharishi, der Begründer der Transzendentalen Meditation, es einmal so lapidar ausgedrückte: „An der Erleuchtung kommt am Ende keiner vorbei." Es ist ja auch so, dass dieses Spiel seine Reize hat.

Es gibt Anteile in uns, die wir aufgeben müssten, wenn wir uns „entschließen" sollten, aus dem Spiel auszusteigen. Die meisten von uns identifizieren sich aber genau mit diesen Anteilen, sodass es buchstäblich Todesängste auslöst, wenn die Auflösung dieser Anteile zur Debatte steht.

Es geht unter anderem um unseren Körper und unser Ego, welches wiederum unmittelbar mit unserer Persönlichkeit verbunden ist. Das Ego ist die Instanz in uns, die uns das Gefühl gibt, ein abgetrennter Teil vom Ganzen zu sein. Nur zum Vergleich: Individualität ist auch einzigartig, aber nicht unbedingt abgespalten vom Ganzen. Sowohl unser Körper als auch das Ego sind mit Todesängsten ausgestattet – logischerweise, denn sie sind tatsächlich sterblich. Und wir identifizieren uns mit diesen Anteilen und Ängsten. Wir tun alles, um sie am Leben zu halten. Lieber leiden wir, als zu sterben. Solange wir jedoch auf der Ebene unseres Egos verhaftet bleiben, sind wir auch zum größten Teil mit der „Geschöpf-Ebene" in uns identifiziert. Die Geschöpf-Ebene steht in Relation zur Ego-Ebene. Hier erleben wir uns von Gott, dem Leben oder dem Schicksal in die Welt geworfen – unter Umständen, die uns scheinbar einfach so widerfahren. Daraus entsteht das Gefühl, Opfer zu sein und das Leben als etwas wahrzunehmen, das von uns getrennt ist und dem wir ausgeliefert sind, mit dem wir ringen und kämpfen müssen und im Zweifelsfall meistens den Kürzeren ziehen.

Die Menschen haben im Laufe der Jahrhunderte immer wieder versucht, sich aus diesem Elend zu befreien. Das Problem war, dass sie die Befreiung auf der Geschöpf-Ebene gesucht haben.

Denken Sie an all die Anweisungen verschiedener Religionen, in denen mit Mitteln von Gewalt versucht wurde, den Menschen ihre Liebe zum Körper und dem irdischen Leben auszutreiben. Man hat versucht, durch Zerstörung zu befreien. All das hat aber leider in den allermeisten Fällen nicht zum ersehnten Ziel geführt. Eher zu viel Schmerz und noch mehr Angst und Hader mit dem Leben, als sowieso schon da waren.

Es ist schon eine Gratwanderung. Wenn an diesem Gedankenexperiment etwas dran ist, geht es ja am Ende darum, die ganze Illusion unserer persönlichen Geschichte und dem Dasein als getrennte Wesen aufzugeben. Aber diese Illusion ist das, was wir in unserem Körper und unserer Persönlichkeit als Realität erleben. Und nicht nur das: All unsere Wünsche sind an diese Realität geknüpft. Reichtum, Erfolg, Liebe, alles findet im Rahmen des Spielfeldes und seiner Gegebenheiten statt. Dadurch hängt unsere ganze Aufmerksamkeit daran, mit aller Kraft und Energie wenigstens ein bisschen von dem zu bekommen, was wir so gerne haben oder sein möchten.

Die eigentliche Lösung liegt jedoch auf einer ganz anderen Ebene. Man kann es auch viel sanfter und natürlicher haben, indem man nach und nach anfängt, seine Aufmerksamkeit immer wieder auf diese liebende und ruhige Instanz in sich auszurichten, die unser wahres Selbst ist. Dies wird zu einer allmählichen Verschiebung in unserer Identifikation führen. Im Kontakt mit unserem wahren Selbst hat alles seinen Platz, das Freie und das Begrenzte. Das Spiel wird immer heiterer, je mehr wir die Illusion durchschauen. Das Überleben hängt immer weniger vom Überleben des Egos oder unseres Körpers ab, denn wir sind in Kontakt mit dem in uns, was nie geboren wurde und deshalb auch niemals sterben wird. Wir dürfen uns Zeit lassen. Vielleicht macht das Spiel jetzt erst richtig Spaß, wer weiß?

Führen wir diesen Gedankengang bis zum Ende, bedeutet das zweierlei: Zunächst sind wir in der letzten Instanz, also auf der Ebene unseres höheren Selbst, auch Schöpfer unseres Schicksals. Auf dieser Ebene kann man sagen, dass alles, was ich erfahre, von mir (also dieser Instanz in mir) erschaffen wurde. Und

wer aufhört, sich über die grausamen Wendungen des Schicksals zu beklagen und tiefer schaut, wird feststellen, dass alles, was wir erfahren, entweder ein reines Geschenk der Fülle des Lebens ist (quasi von sich selbst an sich selbst) oder wenn es zwickt und hakt, eine Erfahrung ist, die uns helfen kann, wach zu werden und aus der Trance der Begrenztheit zu erwachen. Je mehr wir uns bewusst mit unserem wahren Selbst verbinden, desto häufiger werden wir die Erfahrung machen, aktiv an unserem Schicksal mitzuwirken, und Sinn in dem erkennen, was uns im Leben begegnet. Dann wird aus dem „Drama des Lebens" nach und nach eine „gelungene Inszenierung" und ein Weg des Erwachens.

Und zweitens: Wenn Sie sich noch einmal vergegenwärtigen, dass die Essenz von allem, was ist, ein und dasselbe ist, stellt sich die Frage: Wer ist dann da draußen?*[6] Wer ist ein Anderer? An diesem Punkt der Erwägungen kann man sagen: Wenn die Essenz überall dieselbe ist, dann gibt es am Ende nur das Eine, und nichts und niemand ist getrennt von mir. Dann ist alles, was ich erlebe, ein kosmisches Bewusstseinsspiel oder eine Projektion meines Bewusstseins in die scheinbar äußere Realität.

Es ist jedoch wichtig, die verschiedenen Ebenen unterscheiden zu lernen. Viele der heutigen „New Age"- oder Coachingtechniken drehen sich um das große Paradigma: „Ich kreiere mir alles selbst". Das klingt gut, stimmt aber nur sehr bedingt, wenn wir uns damit auf die Ego- oder die Persönlichkeitsebene begeben. Die meisten von uns haben bisher keinen voll bewussten Zugang zur eigentlichen schöpferischen Instanz in uns selbst. Gleichzeitig erschaffen wir die ganze Zeit. Das Problem an dieser Stelle ist, dass das Reservoir unseres Unterbewusstseins riesig ist. Viele unserer Motive sind von unbewussten Erwartungen, Ängsten und Programmierungen gesteuert, ohne dass unser Wachbewusstsein irgendetwas davon ahnt. Darüber hinaus haben die allerwenigsten von uns die Wachheit, sich pausenlos ihrer Gedanken bewusst zu sein und diese zu steuern. Ständig wiederholte (auch unbewusste) Gedanken wirken wie Affirmationen und entwickeln dadurch Manifestationspotenzial. Wenn man einmal anfängt, sich dabei zu beobachten, welche Gespräche man innerlich mit sich selbst führt, dann kann einem manchmal angst und bange werden.

Natürlich sind die meisten von uns auch auf der Persönlichkeitsebene bestrebt, bewusst Dinge zu erschaffen. Und das gelingt auch oft. Nehmen wir das Beispiel der Berufswahl. Wenn ich einen bestimmten Beruf erlernen möchte, habe ich die Möglichkeit, eine entsprechende Ausbildung zu wählen und später eine Arbeitsstelle zu suchen, die diesem Wunsch entspricht. Nur ist die Persönlichkeitsebene den Spielregeln unterworfen, die hier herrschen. Den Gegebenheiten unserer psychosexuellen Entwicklung, den Umweltbedingungen, dem sozialen Umfeld, in dem wir leben, unseren daraus resultierenden Überzeugungen über uns und das Leben sowie vieles mehr. Es kommt darüber hinaus auch vor, dass das, was unser Ego möchte, nicht unbedingt mit dem übereinstimmt, was unser wahres Selbst im Sinn hat. Dann sieht es immer wieder so aus, als hätte sich das Leben gegen uns verschworen.

Wir können aber etwas dafür tun, dass sich die verschiedenen Ebenen in uns einander annähern. Wir können lernen, mit den verschiedenen Aspekten in uns zu kommunizieren. Wir können uns auf der einen Seite als „begrenzte" Persönlichkeit mit unserem höheren Selbst verbinden und mitteilen, was wir uns wünschen, und auf der anderen Seite lauschen, was das höhere Selbst aus seiner Warte und Liebe mit uns und unserem Wachstum im Sinn hat. Das zu sehen und zu verstehen, kann wesentliche Entlastung und Entspannung in unser Leben und unser System bringen. Große Vorsicht ist jedoch geboten, wenn wir meinen, unser höheres Selbst will uns etwas „verweigern". Wenn ich zum Beispiel glaube, ich kann keinen Partner finden, weil mein höheres Selbst der Ansicht ist, ich sollte den Weg der Entsagung gehen. Etwas plakativ, aber gehen wir einfach mal davon aus, es wäre so. Das kann natürlich theoretisch möglich sein, aber viel wahrscheinlicher ist es, dass wir alte Verbote oder Ängste in uns tragen, die in unserer Realität verhindern, dass wir auf dieser Ebene Erfüllung finden. Ein guter Seismograf ist in solchen Fragen immer ein Empfinden von Kraft und Stimmigkeit sowie Ruhe und Fülle im Herzen. Sobald ich das Gefühl habe, ein Opfer oder Märtyrer zu sein, kann ich davon ausgehen, dass es sich nicht um die letzte Wahrheit handelt.

2. Kapitel
Was unterscheidet
Mann und Frau?

Auch wenn wir Menschen beiderlei Geschlechts eine gemeinsame menschliche Grundausstattung haben und zu großen Anteilen in einem gemeinsamen kollektiven Feld leben, so gibt es doch Unterschiede, die auf den ersten Blick vielleicht klein sind, aber große Auswirkungen auf unsere Körperformen, unsere mentale und emotionale Struktur, den Ausdruck und die Wahrnehmung haben.

Die Verteilung der männlichen und weiblichen Energie

Jeder Mensch trägt männliche und weibliche Anteile in sich, und all diese Anteile brauchen in jedem Menschen einen angemessenen Platz in seinem Leben, damit er vollständig sein kann.

Die Verteilung von weiblicher und männlicher Energie ist aber nicht strikt festgelegt, sondern hat in jedem Menschen einen individuellen Spielraum. Je nach Veranlagung können in einer Frau oder einem Mann die Aufteilung der weiblichen bzw. männlichen Anteile variieren. Es gibt unterschiedliche Vorstellungen darüber, wie das durchschnittliche Verhältnis von männlicher und weiblicher Energie bei Frauen und Männern gelagert ist. Die einen sagen, es bestehe ein großer Unterschied, aber es gibt auch Schulen, die behaupten, dass die prozentuale Verteilung von männlichen und weiblichen Energien in einer Frau oder einem Mann etwa in einem Verhältnis von 49:51 Prozent stehen.

Fakt ist, dass die energetische Waagschale sich einer bestimmten Seite zuneigt. Deshalb fühlen wir uns in den meisten Fällen eben grundsätzlich weiblich oder grundsätzlich männlich und deshalb bilden wir in mancher Hinsicht unterschiedliche, zum Teil komplementäre Körperformen aus, mit allem, was das mit sich bringt, wenn man zum Beispiel den Einfluss von Hormonen auf unsere Wahrnehmung und Emotionen betrachtet. Diese Unterschiede bewirken, dass wir in manchen Lebensbereichen sehr verschiedene Erfahrungen im Leben machen.

Unterschiede sind natürlich immer auch individuell, da jeder Mensch einen ganz eigenen Lebensweg geht. Dieser Lebensweg ist aber niemals losgelöst vom kulturellen Hintergrund, in dem wir leben, auch nicht von archetypischen Erfahrungen, die man nur im Körper seines jeweiligen Geschlechts machen kann, wie zum Beispiel die Erfahrung des Gebärens, die man ausschließlich in einem weiblichen Körper machen kann. An diesem Punkt sind wir auch mit unterschiedlichen kollektiven Feldern verbunden und haben deshalb verschiedene Resonanzflächen.

Die Chakren und ihre elektromagnetische Polung

Ein weiterer Aspekt, der in Bezug auf die Unterschiede zwischen Frau und Mann relevant ist, sind die *elektrischen* oder *magnetischen* Unterschiede, die in unseren Körpern wirken.

Erinnern Sie sich, dass ich im 1. Kapitel angekündigt habe, etwas über die **feinstofflichen Körper** *[7] zu schreiben? Ich möchte gleich zu Anfang darauf hinweisen, dass ich dieses Thema nur anreißen kann. Es ist sehr umfassend und würde den Rahmen dieses Buches sprengen. Einigen von Ihnen sind die allgemeinen Grundlagen sicherlich bekannt, aber für unsere gemeinsame Verständigungsgrundlage werde ich dieses Thema nun kurz skizzieren:

Aus der ayurvedischen, indischen sowie der traditionell chinesischen Medizin können wir, sofern wir uns mit spirituellen Inhalten

oder alternativen Heilungswegen befasst haben – oder wir Inder bzw. Chinesen sind –, lernen, dass unser sichtbarer physischer Körper nicht alles ist, was unser System ausmacht. Die Einsichten und Wahrnehmungen, auf deren Grundlagen die indische und chinesische Medizin basieren, konnten lange Zeit nur von bestimmten Heilern und hellsichtigen Menschen wahrgenommen werden. So blieb es dem Normalsterblichen überlassen, daran zu glauben oder eben nicht. In der heutigen Zeit ist es durch die technische Entwicklung in der Wissenschaft möglich geworden, nichtmaterielle Phänomene, die den Körper betreffen, sichtbar zu machen, zum Beispiel durch Aurafotografie, Kirlianfotografie, Biofeldtests, Biophotonenmessungen [8] [9] und ähnliches.

Man kann mithilfe dieser Methoden sehen, dass unser physischer Körper von einem Energiefeld umgeben ist, das, je nach Person, unterschiedliche Farben aufweist. Dieses Feld wird im Fachjargon auch die Aura [10] genannt. Die Aura besteht aus verschiedenen Schichten, die, ähnlich wie bei einer Zwiebel, übereinanderliegen und einander, wie auch den physischen Körper, durchdringen. Jede Schicht unserer Aura ist einem bestimmten Seins- und Erlebensbereich zugeordnet. Man spricht in diesem Zusammenhang auch von den feinstofflichen Körpern, die uns umgeben. Diese feinstofflichen Körper werden immer wieder etwas unterschiedlich definiert. Man kann jedoch verallgemeinernd festhalten, dass einige dieser Körper mit unserer Physis verbunden sind, es gibt einen feinstofflichen Körper, der mit der emotionalen Ebene verbunden ist, einen, der dem mentalen Bereich zugeordnet ist, und dann gibt es Körper, die mit der geistigen Ebene unseres Daseins verbunden sind.

Außer diesen feinstofflichen Körpern haben wir zudem Energiezentren in unserem Körper, die in der indischen Weisheitslehre als die Chakren [11] oder Chakras bezeichnet werden. Der Begriff Chakra leitet sich aus dem Sanskrit ab und bedeutet übersetzt „Rad". Das kommt daher, dass die Chakren radähliche, spiralförmige Wirbel bilden. Wir haben in unserem System an die 1.000 kleinerer Nebenchakren an den verschiedensten Stellen in unserem Körper, aber es gibt sieben Hauptchakren, die entlang unserer Wirbelsäule liegen und ihre Energie sowohl nach vorne wie auch nach hinten ausstrahlen. Diese sieben Chakren haben zwei grundlegende Funktionen. Um auf die erste dieser beiden Funktionen eingehen zu können, muss ich zuvor noch einen weiteren Begriff einführen. Es gibt eine grundlegende, vitale Energie im menschlichen System, die in ihrer Essenz eins ist mit der Qualität von Geist oder reinem, lebendigen Sein. Das ist die sogenannte Kundalinie-Energie.*[12] Diese Energie steht uns als Potenzial zur Verfügung und ohne sie gibt es kein Leben im menschlichen Körper. Es ist jedoch eine Frage der evolutionären Entwicklung des Bewusstseins, wie aktiv diese Energie in unserem System wirkt. Zunächst schlummert sie am unteren Ende unserer Wirbelsäule. Im Laufe unserer menschlich-seelischen Entwicklung steigt sie die Wirbelsäule aufwärts. Diese Aufwärtsbewegung geht einher mit einem Zustand zunehmender Bewusstheit. Ist die Kundalini-Energie voll erweckt, so ist auch das Bewusstsein erwacht und frei. Einen derartigen Zustand nennt man, zum Beispiel im Buddhismus, den Zustand der Erleuchtung.

Die Energie der Chakren ist also zum einen in ihrer Essenz identisch mit der Kundalini-Energie, aber sie ist in jedem Chakra auf eine bestimmte Weise thematisch gefärbt. Tatsächlich sind den einzelnen Chakren unter anderem auch bestimmte Farben zugeordnet.

Die sieben Hauptchakren sind wie folgt beschrieben:

1. Chakra: Das 1. Chakra liegt im Bereich des Damms und wird das Wurzelchakra genannt. Wenn die Energie in diesem Chakra aktiviert ist, erleben wir uns als geerdet und das Leben ergreifend. Hier siedeln sich Themen und Gefühle an, die mit unseren Instinkten, dem Durchsetzungsvermögen, aber auch mit Empfindungen von Stabilität und Urvertrauen verbunden sind. Die Farbe, die diesem Chakra zugeordnet wird, ist ein dunkles, kräftiges Rot.

2. Chakra: Dieses Chakra wird auch das Sakralchakra oder Hara genannt. Es liegt ca. einen Fingerbreit unter dem Bauchnabel. Hier sitzt unsere Lebenskraft und Lebenslust, darum wird es häufig auch der sexuellen Energie zugeordnet. Gleichzeitig liegt hier das energetische Zentrum für unsere Begeisterungsfähigkeit und die Kreativität. Dem Hara-Chakra ist die Farbe Orange zugeordnet.

3. Chakra: Das 3. Chakra liegt im Bereich des Solarplexus und hat zum einen mit Qualitäten von Wille und Macht zu tun, auf der anderen Seite liegt hier aber auch unsere Fähigkeit, Energien zu spüren und zu verarbeiten. Das ist unter anderem der Grund, weshalb uns unerfreuliche Gespräche oder Streit „auf den Magen schlagen". Auch stehen viele emotionale Beziehungsthemen mit diesem Chakra in Zusammenhang – und unsere Fähigkeit zur Kommunikation. Die Farbe des 3. Chakras ist Gelb.

4. Chakra: Es wird das Herzchakra genannt und liegt etwa in der Mitte des Brustbeins. Das Herzchakra hat eine Schlüsselposition in vielen spirituellen Traditionen. Hier wird eine Qualität von Liebe aktiviert, die, jenseits der romantischen Liebe, eine besondere, heilende und transformierende Kraft entwickeln kann. Die romantische Liebe beinhaltet natürlich auch die Qualität des Herzens. In ihr schwingen jedoch gleichzeitig Energien mit, die anderen Chakren zugeordnet sind. Ganz sicher steht sie in Beziehung zum Hara-Chakra wie auch zum Solarplexuschakra. Je nach Art einer Liebesbeziehung können jedoch alle anderen Chakren ebenso involviert sein. Im Einklang mit der reinen Kraft, die unserem Herzchakra innewohnt, können alte Verletzungen geheilt werden, aber darüber hinaus kann das gesamte Energiesystem durch die Konzentration auf das Herzchakra in seiner Schwingung erhöht und geläutert werden. Es ist nicht schwer nachzuvollziehen, dass auch die Qualität von Mitgefühl diesem Chakra entspringt. Zwar geht es im Herzchakra um das Thema Beziehung, auf dieser Ebene ist die Liebe jedoch frei von emotionalen Eintrübungen und Verstrickungen. Die Gefühle, die dem Herzen entspringen, müssen nicht immer nur fröhlich sein, doch sie sind in jedem Fall authentisch und pur. Dem Herzchakra sind zwei Farben zugeordnet: Grün und Rosa.

5. Chakra: Als nächstes kommt das fünfte, das Kehlkopfchakra. Im Kehlkopf sitzt unser Ausdruck, und somit steht dieses Chakra auf besondere Weise in unmittelbarem Zusammenhang mit unserer Persönlichkeit, aber auch dem individuellen Ausdruck der Seele. Wenn unser Kehlkopfchakra offen ist, so ist unsere Persönlichkeit offen. Wir zeigen uns der Welt, leben unseren individuellen Selbstausdruck und fühlen uns inspiriert. Hier regiert die Farbe Blau.

6. Chakra: Das 6. Chakra ist das Stirnchakra und wird auch das dritte Auge genannt. Es liegt zwischen unseren Augenbrauen. Hier erfahren wir den Bereich der feinstofflichen Wahrnehmung und der Visionen. Das dritte Auge ist unser geistiger Impulsgeber. Somit hat dieses Chakra auch etwas mit unserer Willenskraft zu tun sowie mit der Fähigkeit, uns auszurichten und zu fokussieren. Die Farbe ist Indigo.

7. Chakra: Zum Schluss kommt das Kronenchakra, welches seinen Sitz oben auf der Schädeldecke hat. Dies ist unser Tor zur geistigen Welt, zu den spirituellen Erfahrungen, zur Verbindung mit dem, was wir gemeinhin das höchste Bewusstsein nennen. Aus dieser Verbindung werden uns besondere Erkenntnisse zuteil. Die diesem Chakra zugeordnete Farbe ist das Violett.

Neben den speziellen Qualitäten von Erfahrung, die wir durch unsere Chakren machen können, besteht die zweite Funktion der Chakren darin, einen ständigen Energieaustausch zwischen den verschiedenen Ebenen unseres Systems aufrechtzuerhalten – den stofflichen und den energetischen Aspekten in uns. Die Chakren geben Energie ab und nehmen Energie auf. Sie werden deshalb auch die Organe unserer feinstofflichen Körper genannt. So viel zu den Chakren an sich.

Wesentlich für unseren Zusammenhang in Bezug auf die Unterschiede zwischen Mann und Frau ist aber eine besondere Eigenschaft, die die Chakren bei beiden Geschlechtern aufweisen. Die Chakren haben nicht nur ihre spezifische thematische und energetische Ausprägung, sondern sie haben auch eine magnetische Polung. Mit magnetisch meine ich in diesem Zusammenhang, dass es Chakren gibt, deren Energiezustand aktiv ist, und solche, die einen rezeptiven oder empfänglichen Grundzustand haben.

Die magnetische Polung ist, wenn man die Chakren von unten nach oben durchwandert, immer abwechselnd positiv (aktiv) und negativ (rezeptiv) gepolt und zwar genau komplementär bei Mann und Frau. Bei der Frau fängt es im Wurzelchakra negativ an und beim Mann positiv. Über das Kronenchakra hört man Verschiedenes. Es gibt Schulen, die sagen, es folge diesem Prinzip, aber es gibt auch Menschen, die sich mit dieser Materie befasst haben,

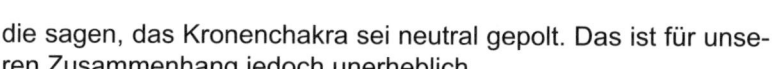

die sagen, das Kronenchakra sei neutral gepolt. Das ist für unseren Zusammenhang jedoch unerheblich.

Die komplementäre Polung der Chakren bei Frau und Mann ist im Übrigen einer der Gründe für die magische Anziehung, die zwischen den Geschlechtern existiert. Sie spielt eine besondere Rolle im Verhalten und Erleben der Sexualität, aber auch bei der Art und Weise, wie Männer und Frauen sich ganz allgemein mit dem Leben verbinden. All das wird in den folgenden Kapiteln erörtert.

Das Wissen über die Polung unserer Chakren ist von taoistischen, tantrischen Traditionen überliefert. Auch hierzu gibt es im Anhang Literaturangaben *13 für diejenigen von Ihnen, die dieses Thema für sich vertiefen möchten. Die spezifische Polung bei Männern und Frauen hat einen großen Einfluss auf unsere Wahrnehmung und die Art, wie wir dem Leben begegnen. Darauf werde ich gleich im nächsten Kapitel eingehen.

3. Kapitel
Was ist Weiblichkeit?
Die Geschichte der Frau

Eine Frau, die grundsätzlich gesund und im Einklang mit ihrer Weiblichkeit ist, trägt natürlicherweise das Gefühl in sich, im Leben aufgehoben und versorgt zu sein. Mit der aktiven Kraft ihres Herzens verströmt sie mühelos ihre Liebe in die Welt. Sie fühlt sich kraftvoll und kreativ, gelassen und entspannt. Ihren Körper erlebt sie als eine Quelle der Lust und Freude. Im Einklang mit der Weisheit ihres Herzens findet sie ihren ganz individuellen Weg durch das Leben. Sie ist versöhnt mit den Licht- und Schattenaspekten des Lebens und ruht in ihrer Mitte. In der Gemeinschaft mit anderen Frauen findet sie Unterstützung und Nahrung für ihre weiblichen Bedürfnisse. Sie hat eine liebende, respektvolle Beziehung zu den Männern.

Wer von meinen Leserinnen all dies empfindet und verkörpert, darf dieses Buch nun getrost beiseitelegen und entspannt mit ihrem Leben fortfahren ...

Für alle anderen wird es nun hoffentlich richtig interessant!

Warum ist es für viele – ich wage sogar zu behaupten, die überwiegende Zahl der Frauen – so ganz anders? Warum fühlen sich die meisten Frauen immer wieder so erschöpft, ausgebrannt, gestresst, unerfüllt, traurig, verbittert, kraftlos und einsam?

Die Geschichte, die dazu geführt hat, ist vielschichtig, und es lohnt sich, einen Blick auf die unterschiedlichen Ebenen zu werfen, die zu dieser Entwicklung geführt haben.

Kulturgeschichtliche Aspekte

Zunächst einen Blick auf unsere Kulturgeschichte.
Wir können die Zeit im Prinzip zurückdrehen bis zu Adam und Eva. Hier geschah gar Entsetzliches, wenn man die Geschichte im wörtlichen Sinn versteht. Evas Neugierde führte dazu, dass der Mensch aus dem Paradies verstoßen wurde. Diese Geschichte und ihre buchstäbliche Überlieferung hatten zur Folge, dass die Frau fortan wie ein sünd- und schuldhaftes Wesen 2. Klasse behandelt wurde. Ihre Schuld wurde übrigens nicht nur von außen, also den Männern deklariert, sondern auch die Frau trug und trägt zum Teil bis heute dieses Gefühl von Schuld, Scham und Versagen in sich selbst.

Die Folgen davon fanden ihren Ausdruck in der Gesellschaftsstruktur des Patriarchats. Im Patriarchat herrschte die Vorstellung, dass eine Frau über sehr geringen bis gar keinen Verstand verfügt, sie hatte keine oder nur sehr eingeschränkte Möglichkeiten, ihre Kraft und Kreativität zu entwickeln. Sie hatte praktisch keine Rechte. Sie wurde als Sexualobjekt missbraucht und verletzt und war materiell zumeist vollkommen abhängig von ihrem Mann, oder einem männlichen Familienmitglied. Ich will dabei nicht ausschließen, dass es in dieser Zeit punktuell auch Frauen gegeben hat, die entweder ein sonnigeres Schicksal hatten, wie etwa ein gut behütetes Mädchen aus reichem Hause, der Augenstern des Vaters. Oder aber Frauen, die sich über diese Zustände hinweggesetzt haben und ein eigenständiges Leben führten. Diese Frauen lebten jedoch häufig in der Gefahr, Anstoß zu erregen und bestraft, gefoltert oder getötet zu werden. Aus jener Zeit tragen wir in unserem kollektiven weiblichen Feld sehr viele Schuldgefühle, Angst und Schmerz.

Diese Strukturen wirken teilweise bis in die heutige Zeit hinein, wenngleich man natürlich sagen muss, dass sich in den vergangenen 100 bis 200 Jahren die Position der Frau, besonders in der westlichen Gesellschaft, stark verändert und verbessert hat. Das Patriarchat befindet sich, zumindest hier, auf dem Rückzug, obschon es immer noch starke gesellschaftliche Strukturen gibt, die die Werte und Prinzipien des Patriarchats aufrechterhalten.

Eine Hauptströmung, der wir diese Veränderungen verdanken, ist die Emanzipationsbewegung. Diese Bewegung und ihre Verdienste habe ich ja bereits in meiner Einführung erwähnt. Problematisch wird es nur an dem Punkt, wo Frauen in ihrem verständlichen Verdruss über die traditionelle Frauenrolle auf der energetischen Ebene das Kind mit dem Bade ausgeschüttet haben.

Das große Paradox ist, dass die weibliche Energie – und ich spreche hier nicht von der Frau in all ihren Aspekten – unter anderem ganz wesentlich Eigenschaften verkörpert, die mit Sanftheit, Lieben, Nähren, Unterstützen zu tun haben. Wenn wir als Frau frei sind, fließen diese Energien wie selbstverständlich als wesentlicher Ausdruck unseres gesamten Daseins in unser Leben hinein und berühren die Menschen, die uns umgeben. (Ich möchte an dieser Stelle allerdings erwähnen, dass die weibliche Energie auch noch ganz andere Aspekte in sich birgt, die alles andere als lieb und sanft sind, aber das soll an einer anderen Stelle erörtert werden). Im Zeitalter des Patriarchats wurde daraus ein Anspruch der Männer an die Frauen abgeleitet. Die Frau wurde auf die oben genannten Eigenschaften reduziert und so zur Sklavin dieses Potenzials.

Ein Hauptaugenmerk der Emanzipationsbewegung lag darauf, sich von diesen Eigenschaften zu lösen, um endlich frei zu werden für die kreative und selbstbestimmte Kraft, die in jeder Frau lebt. Und dieser Prozess ist bis heute nicht abgeschlossen. Für die innere Ganzheit kann es aber nicht darum gehen, sich für das eine, und gegen das andere zu entscheiden. Wir brauchen beides, um als Frau im Einklang mit uns selbst und der nährenden Energie, die wir in uns tragen, leben zu können. Diese weiblichen Aspekte zu bekämpfen, bedeutet letztendlich, immer gegen uns selbst zu kämpfen.

Der wesentliche Schritt besteht darin, eine bewusste und selbst gewählte Form für sich damit zu finden.

Ein anderes Problem in der Emanzipationsbewegung war, dass die Frauen sich in einer männlich geprägten Gesellschaftsstruktur behaupten mussten. Es ist leider immer noch so, dass

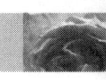

klassische männliche Qualitäten das Maß und den Wert der Dinge bestimmen. Zielorientiertheit, Konkurrenz, Leistungsbewusstsein. Diese Qualitäten sind an sich nicht falsch oder schlecht. Das Problem ist nur, dass sie völlig überbewertet sind und Frauen, wie im Übrigen auch die Männer, körperlich, psychisch und energetisch darunter leiden.

Um sich einen Platz in der Gesellschaft erobern zu können, wählten die Frauen den Weg, die männlichen Paradigmen zu übernehmen und mussten noch bessere Männer werden, um zu beweisen, dass sie in diesem System bestehen können. Man darf in diesem Zusammenhang nicht außer Acht lassen, dass jene Bewegung für eine gewisse Zeit auch ein gesunder Ausgleich für die Frauen war, um endlich etwas von sich leben zu können, was ihnen bis dahin verwehrt gewesen war.

Jetzt scheint eine Zeit angebrochen zu sein, in der Frauen es wieder wagen können, sich mit den Wurzeln der weiblichen Energie zu verbinden.

Die archaische Ebenez

Es gibt noch eine Ebene, die unser Leben beeinflusst und die viel weiter zurückreicht als das, was man eine kulturelle Entwicklung nennen würde. Ich nenne sie in diesem Zusammenhang die archaische Ebene. Erinnern Sie sich daran, was ich über die kollektive Ebene geschrieben habe? Die archaische Ebene wirkt durch das kollektive Feld, aber sie lebt quasi auch noch in unseren Genen und bestimmten Bereichen unseres Gehirns. Zum Beispiel im limbischen System.*[14]

Der „Urmensch" – und bitte legen Sie mich nicht genau zeitlich fest – war ein Wesen, welches sich für sein Überleben in Gruppen zusammenfand. Die Natur war hart, das Essen musste selbst erlegt oder gesammelt werden und es gab für das Überleben der Gemeinschaft ganz klare Rollen, die nicht zur Debatte standen und die sicherlich auch lange Zeit nicht reflektiert werden konnten – sowohl in Bezug auf äußere Notwendigkeiten als auch in

Bezug auf den Bewusstseinsstand des Menschen in dieser Entwicklungsphase.

Der Mann war stark und hatte von seiner hormonellen Ausstattung her mehr Aggressionspotenzial in sich. Daraus ergab sich seine Rolle als Jäger und Beschützer. Die Frau gebar die Kinder und war für die Brutpflege zuständig. Allein hätte ein Mensch und ganz besonders eine Frau nur schwerlich, wenn überhaupt, überleben können.

Für uns Frauen bedeutet das auf dieser genetisch-kollektiven und hirnstrukturellen Ebene ein altes existenzielles Gefühl der Abhängigkeit vom Schutz des Mannes. Ich will damit nicht andeuten, dass diese Abhängigkeit etwas ist, mit der wir uns einfach abfinden müssen, sondern es ist wichtig zu verstehen, dass diese archaische Ebene auch heute noch in uns wirkt. Wenn es beispielsweise um Unsicherheiten in Beziehungen oder anderen Lebensumständen geht, wird, neben vielen anderen Dingen, auch diese existenzielle Ebene in unserem Fühlen und Erleben der Situation mit angeregt.

Beide der genannten Aspekte beeinflussen deutlich die individuelle Geschichte eines jeden Menschen. Wir werden in Paradigmen hineingeboren, die unser Selbstbild und unsere Erfahrungswelt stark prägen. Es gibt immer die kontinuierliche Weiterentwicklung einer Gesellschaft mit allen Irrungen und Wirren und scheinbaren Rückschritten, die dazugehören, und gleichzeitig dauert es lange, bis ein vollkommener Wandel stattgefunden hat. Es wäre unsinnig zu behaupten, die Rolle der Frau wäre, zumindest was unsere westliche Gesellschaft anbelangt, noch wie im Mittelalter. Und doch wirken die Paradigmen dieser Zeit immer noch auf bestimmten Ebenen weiter.

Was wäre beispielsweise, wenn die Vergangenheit unserer Kultur liebevoll und entspannt mit dem Thema Sexualität umgegangen wäre? Meinen Sie, es gäbe dann so etwas wie Unterdrückung der sexuellen Freude, die zu Ängsten und „Perversionen" aller Art sowie zu sexueller Gewalt führen? Aber das nur als Gedankenspiel am Rande.

Gleichzeitig ist eine individuelle Geschichte auch das, was sie ist – eben individuell. Kein Mensch macht genau dieselben Erfahrungen wie ein anderer. Selbst wenn die äußeren Bedingungen die gleichen sind, so kann das Erleben jener Situation ein völlig anderes sein, als bei einem anderen Menschen.

Die energetische Ebene

Im vergangenen Kapitel habe ich über die Chakren und ihre Polung gesprochen. Ich möchte Sie an dieser Stelle zu einem kleinen Experiment einladen:

Wenn Sie die folgende Anleitung durchgelesen haben, kann es hilfreich sein, für die Durchführung der Übung die Augen zu schließen.

Übung (siehe Hinweis auf Seite 198):

Stellen Sie sich zunächst eine Situation vor, in der Sie sehr aktiv sind. Vielleicht machen Sie eine Sportart, die Sie auch im Alltag praktizieren, oder Sie stellen sich vor, Sie hacken Holz oder putzen die Fenster, so schnell Sie können. Versuchen Sie sich möglichst körperlich mit dieser Vorstellung zu verbinden. Wie fühlt sich Ihr Körper an? Die Muskeln, die Atmung, der Pulsschlag? Wenn Sie das richtig gefühlt haben, atmen Sie ein paar Mal bewusst ein und aus und lassen dieses Bild und die damit verbundenen Empfindungen hinter sich.

Jetzt stellen Sie sich als Nächstes vor, Sie sitzen in der Badewanne oder in der Sauna oder in der Natur an einem besonders schönen und stillen Ort. Versuchen Sie sich wieder so konkret wie möglich mit der Vorstellung an sich sowie den Körperempfindungen zu verbinden, die das in Ihnen auslöst. Vielleicht können Sie fühlen, wie der Atem ruhig wird, der Körper entspannt sich, die Gedanken werden ruhiger und es entsteht ein Gefühl des körperlichen Loslassens.

Verweilen Sie in diesem Zustand, so lange Sie möchten.

Dann atmen Sie wieder einige Male bewusst ein und aus und verbinden sich mit der Situation, in der Sie sich gerade befinden.

Sie haben soeben eine Erfahrung gemacht, wie sich die aktive und die rezeptive Energie im Körper anfühlt.

Das Wurzelchakra der Frau ist, im gesunden Zustand, rezeptiv gepolt. Es beeinflusst die Grundverbindung, die wir zum Leben haben. Hier entscheidet sich, wie wir uns grundsätzlich im Leben fühlen. Als Frau stellen wir diese Verbindung auf empfängliche Weise her. Ist diese rezeptive Polung intakt und das Chakra entspannt, können wir in einem weiblichen Körper die Erfahrung machen, dass das Leben zu uns kommt und dass es uns beschenkt mit allem, was wir brauchen. Auf dieser Ebene können wir uns entspannt zurücklehnen und einfach empfangen. Die rezeptive Polung wirkt auf natürliche Weise anziehend.

Natürlich hängt unsere Erfahrung von Fülle oder Nicht-Fülle im Leben noch von verschiedenen anderen Faktoren ab, aber hier liegt eine wichtige Voraussetzung dafür.

Es gibt zwei Schwierigkeiten, die die rezeptive Grundpolung unseres Wurzelchakras behindern:

Zum einen sind leider immer noch erschreckend viele Frauen in ihrem Wurzelchakra, also ganz konkret auch im Bereich der Vagina, verletzt. Jegliche Form von sexuellen Übergriffen ist in unseren Zellerinnerungen gespeichert und führt zu Verspannungen und Blockaden im Vaginalbereich. Immer wieder aufs Neue erschrecken mich die Statistiken, wie viele Mädchen und Frauen bis heute Opfer physischer und sexueller Gewalt sind. Es sind aber nicht nur unsere individuellen Erfahrungen, die diesen Bereich blockieren können. Wir tragen auch die Verletzungen der Generationen vor uns in unserem Energiesystem. Zum einen genetisch und systemisch, durch die Ahnenreihe der Frauen in unserer Familie, und eben auch aus dem kollektiven Feld. Da gibt es noch einiges freizuräumen, sowohl auf der psychisch-energetischen wie auch auf der politischen Ebene, bevor das kollektive Feld der Frauen an diesem Punkt erleichtert aufatmen kann. Wir arbeiten daran ...

Das andere Thema betrifft die Polung selbst. Die Körper-, Frauen- und Sexualfeindlichkeit, aus der unsere Kultur gerade langsam

erwacht, hat dazu geführt, dass viele Frauen das Wissen über ihre Sexualität verloren haben. Es geht mir dabei nicht um das Wissen von Abläufen im Sinne der sexuellen Aufklärung. Auch wenn es an dieser Stelle sicher immer noch weiteren Bedarf gibt, kann man sagen, dass die meisten jungen Frauen in unserer Gesellschaft heutzutage über die sexuellen Abläufe informiert sind. Auch die Emanzipationsbewegung hat viel dazu beigetragen, Frauen zu ermutigen, ihre ureigene Sexualität zurückzuerobern. Es ist kaum zu glauben, dass erst in den 60er-Jahren des vergangenen Jahrhunderts langsam publik wurde: Auch der weibliche Körper hat die Fähigkeit zum Orgasmus. 1948 wurde zum letzten Mal überliefert, dass – wohlgemerkt in Amerika – einem Mädchen die Klitoris amputiert wurde, da es angeblich widernatürliche sexuelle Regungen hatte, indem es masturbierte.*[15] Man kann diese tiefe Sexualfeindlichkeit, besonders in Hinblick auf die Frauen, also keinesfalls ins Mittelalter abschieben.

Der Aspekt, den ich in diesem Zusammenhang jedoch herausheben möchte, ist, dass die Form der Sexualität, die heute in unserer Gesellschaft allgemein gelehrt und angepriesen wird, sehr stark von männlicher Energie geprägt ist. Viel, schnell, heiß, orgasmusorientiert. Männliche Energie ist wunderbar, Hitze, Leidenschaft – herrlich! Aber die unbewusste, übergroße und ausschließliche Konzentration auf Reibung kann im Wurzelchakra einer Frau auf Dauer zu einer energetischen Umpolung führen. Das Wurzelchakra wird positiv geladen. Es kann energetisch nicht mehr aufnehmen und empfangen. Was unser Wurzelchakra natürlicherweise in Balance hält, wäre der Ausgleich von Hitze und Kühle, von Leidenschaft und Verweilen, von Sturm und Ruhe im Liebesspiel. Die Verteilung ist ganz und gar individuell und soll jetzt nicht als neues Konzept missverstanden werden. Wir haben häufig vergessen, was uns wirklich guttut und entspricht. Wir waren so lange entmündigt und sind verstummt. Wir haben den Zugang zu unserem natürlichen Rhythmus bei einer sexuellen Vereinigung verlernt. Aber jetzt können wir, wenn wir wollen, dieses Terrain für uns zurückerobern und die Sexualität so für beide Geschlechter wieder bereichern.

4. Kapitel
Die Ebenen der Heilung

Wie geschieht Heilung? Heilung ist ein sehr vielschichtiger Prozess. Wenn Sie sich an meinen metaphysischen Exkurs aus dem ersten Kapitel erinnern, dann kann man auch in diesem Zusammenhang sagen: Auf der Ebene des Schöpferseins ist Krankheit – jetzt im weitesten Sinne – eine Spielart des Lebens, die uns etwas zeigen oder lehren möchte. Aber die Ursachen sind oft nicht unmittelbar linear zu erklären und aufzulösen.

Die moderne Medizin arbeitet häufig innerhalb des Paradigmas, dass ein Symptom ein Umstand ist, den man beheben muss, um eine Krankheit zu heilen. In der ganzheitlichen Medizin betrachtet man den menschlichen Körper, einschließlich seiner Psyche, als einen Gesamtorganismus. Befindet er sich im Gleichgewicht, ist er gesund. Es gibt jedoch verschiedene Ursachen und Faktoren, die zu einem Ungleichgewicht führen können und sich dann in verschiedenen Symptomen niederschlagen. Auch wenn viele dieser Symptome körperlich sind, heißt das noch lange nicht, dass die Ursachen dafür auf dieser Ebene liegen. Es ist immer hilfreich, in einen Heilungsprozess möglichst viele Ebenen des gesamten Organismus miteinzubeziehen, um einerseits die Ursachen aufzuspüren und zu lösen und andererseits Maßnahmen zu ergreifen, die den gesamten Organismus wieder ins Gleichgewicht bringen und stärken.

In meiner Arbeit habe ich festgestellt, dass es verschiedene Ebenen von belastenden Themen gibt, denen wir im Leben begegnen. Manche begleiten uns für eine kurze Zeit – vielleicht sogar nur einen Moment – und lösen sich sofort wieder auf. Wie zum Beispiel, wenn ein anderes Auto mir die Vorfahrt genommen hat und ich nur knapp einem Unfall entgangen bin. Vielleicht bin

ich geschockt oder wütend. Diese Gefühle können mich ein paar Stunden oder sogar Tage begleiten, aber dann löst sich dieser Zustand nach kurzer Zeit von allein wieder vollständig auf.

Andere Themen sind vielleicht lästig, können aber durch ein gutes Gespräch oder eine kurzzeitige therapeutische Intervention vollständig gelöst werden. Ein Beispiel wäre hierfür eine Person, die im Rahmen eines Einstellungsgesprächs bemerkt, dass sie zunehmend unsicherer wird und infolgedessen nicht eingestellt wird. Bei einem therapeutischen Gespräch kommt eine Erinnerung aus dem Unterbewusstsein an die Oberfläche, in der sich diese Person in bestimmten schulischen Situationen in ihrer Kindheit und Jugendzeit ängstlich und überfordert gefühlt hat. Das zu erkennen und die alten damit verbundenen Gefühle noch einmal zu durchleben und zu erlösen, befreit sie von dieser Angstreaktion und im nächsten Bewerbungsgespräch fühlt sie sich kraftvoll und selbstbewusst.

Dann gibt es die Themen, die ich als „Lebensthemen" bezeichnen würde. Diese Themen tauchen immer wieder auf – sei es durch bestimmte Erfahrungen, Empfindungen, Reaktionen oder körperliche Symptome. Sie haben etwas mit unserem inneren Wachstum zu tun. Die schöpferische Instanz in uns wählt dabei Lebensumstände und Situationen, die uns genau an die Punkte bringen, wo wir alte Überzeugungen in uns tragen, die uns begrenzen. Wir haben die Wahl, entweder unser Schicksal zu beklagen und das Leben und alle, die uns scheinbar das Leben zur Hölle machen, zu verfluchen, oder die Herausforderung anzunehmen und den Lernprozess zu ergreifen, der für uns darin liegt. Für einen Lernprozess reicht eine einmalige Erkenntnis zumeist nicht aus. Wir müssen diese Erkenntnis umsetzen, zum Leben erwecken, üben und etablieren.

Die moderne Gehirnforschung hat inzwischen herausgefunden, dass die Reiz-Reaktions-Leitungen in unserem Gehirn, die sogenannten Synapsen, eine Tendenz haben, in ihrer Reizleitung Bahnen zu etablieren, die, wenn sie einmal festgefahren sind, eine Art von „Suchtstruktur" entwickeln, um sich ständig zu wiederholen und zu bestätigen.*[16] Dieser Prozess ist automatisch und unbewusst. Wir merken nicht, dass unsere Wahrnehmung die Realität so filtert, dass wir überhaupt nur das sehen und wählen können, was uns diese Strukturen vorgeben.

Solange uns diese Gehirnstrukturen in unserem Leben und Selbstgefühl bestärken, ist ja nichts dagegen einzuwenden. Sie helfen uns auch bei der Verarbeitung von Informationen. So muss ich mir zum Beispiel nicht immer wieder neu klarmachen, wie ich ein Auto lenken kann, sondern es passiert nach einiger Übungszeit einfach automatisch. Aber es gibt immer auch Strukturen, die uns belasten, begrenzen und verletzen.

Ganz klassisch ist zum Beispiel die Tatsache, dass Frauen, die als Kind sexuelle oder physische Gewalt erlebt haben, viel häufiger als andere Frauen immer wieder an Männer geraten, mit denen sich diese Erfahrung wiederholt. Und selbst wenn es sich nicht um so drastische Erfahrungen in unserer äußeren Realität handelt, haben wir grundsätzlich die Tendenz, Realität mit unserem Empfinden oder unserer Interpretation zu färben – sodass es sich anfühlt wie das, was es schon immer war (auch wenn eine andere Person dieselbe Situation wahrscheinlich ganz anders empfindet und erlebt).

Ich habe im Laufe der Jahre großen Respekt vor diesen Mustern entwickelt. So ein Umlernprozess hat, neben Erkenntnis und Übung und dem bewussten Aufarbeiten der Ursachen, auch erst einmal etwas mit einem Entzug zu tun – ganz wörtlich, wie bei einem Alkoholiker oder Heroinsüchtigen. Wir werden zwar vielleicht keine weißen Mäuse sehen oder Pupillenveränderungen und Krämpfe haben, aber es fühlt sich an, als ob es unmöglich wäre oder sogar eine existenzielle Bedrohung. Ich möchte ein Beispiel anführen, welches ich im Lauf dieses Kapitels immer wieder neu beleuchten werde, um die verschiedenen Ebenen der Heilung aufzuzeigen:

Stellen Sie sich vor, ein kleines Mädchen liebt seinen Vater, wie das kleine Mädchen so zu tun pflegen. Dieser Vater hat in seiner Biografie sehr früh großen Verlust erlitten und hat sich, aufgrund dieses Traumas, überwiegend in sich selbst zurückgezogen. Er ist

nicht unfreundlich, aber abwesend. Das Mädchen macht immer wieder die Erfahrung, dass es mit seiner Liebe ins Leere läuft. Es bekommt das Gefühl, nicht gesehen zu werden, nicht bedeutungsvoll zu sein. Später im Leben wird es höchstwahrscheinlich immer wieder Männern begegnen, die genau diese alten Gefühle wieder neu beleben. Vielleicht probiert die Frau im Laufe ihres Lebens verschiedene Strategien aus, um mit dieser Erfahrung zurechtzukommen, aber die Grunderfahrung und der damit verbundene Schmerz lassen sich nicht überwinden. Die Überzeugungen, die dahinter stecken, können zum Beispiel folgende sein: „Ich bin nicht liebenswert", „Ich bin nicht wichtig". Und sie wartet darauf, dass endlich ein Mann in ihr Leben kommt, der diesen Schmerz heilt. Und da ist der springende Punkt. Es fühlt sich absolut unabdingbar an, dass nur durch die Erfüllung auf der äußeren Ebene die Heilung kommen kann. Jeder neue Mann bringt neue Hoffnung und unweigerlich neue Enttäuschung mit sich. Die Heilung kann dann beginnen, wenn diese Frau die Suche im Außen und den damit verbundenen Schmerz nach innen holt. Wenn Sie gute Unterstützung hat, wird sie diesen Prozess Schritt für Schritt vollziehen können. Und vielleicht wird sie irgendwann erkennen – und zwar im Sinne einer Erfahrung, nicht nur als mentales Konzept –, dass die Fülle der Liebe in ihr selbst liegt, und die Erfüllung darin fühlen. Aber sie muss dafür die fixe Idee und das existenzielle Gefühl aufgeben, dass sie für ihr Glück und Überleben etwas ganz bestimmtes von außen braucht. Die Heilung funktioniert auch nicht, wenn diese Frau beschließt, sich innerlich zu verhärten, um nicht immer wieder den Schmerz und die Enttäuschung fühlen und erleben zu müssen. Das wird vermutlich irgendwann dazu führen, dass sie körperliche oder psychische Krankheitssymptome entwickelt. Es ist also ein sehr sensibler Prozess, im Kontakt mit den eigenen Bedürfnissen und dem damit verbundenen Schmerz, das Muster der Bedürftigkeit an sich zu transzendieren. Das ist die Schnittstelle von unserem Geschöpf- und Schöpferdasein. Es ist sowohl ein horizontaler Prozess, in dem die Geschichte aufgerollt und geheilt werden kann, die überhaupt zu diesen Erfahrungen und den damit verbundenen Gefühlen und Selbstbildern geführt hat. Gleichzeitig ist es ein vertikaler Prozess der Entwicklung und des Wachstums, der uns immer mehr in Kontakt mit den Aspekten des Schöpferseins in uns bringt.

In Bezug auf unsere Lebensthemen entwickeln wir uns also nicht so sehr linear, sondern eher spiralförmig. Das bedeutet, wir reiben uns an den betreffenden Mustern, lösen eine Schicht und entwickeln uns. Sehr häufig kommt es dann zu einer Phase der Ruhe, bis das Thema erneut aktiviert wird. Man wird vermutlich feststellen, dass das Thema und die damit verbundenen Empfindungen wahrscheinlich ähnlich sind, wie in der letzten Runde, aber wenn man genauer hinschaut, wird man doch gleichzeitig eine Veränderung wahrnehmen. Vielleicht stürze ich nicht mehr in den bodenlosen Abgrund. Vielleicht fühle ich mich traurig, kann aber trotzdem mit Freunden ausgehen und lachen. Die Phasen des Leidens verkürzen sich und es wird insgesamt alles immer leichter. Irgendwann können wir vielleicht milde lächeln, wenn „es" wieder auftaucht. Dann sind wir frei.

Die Arbeit, die in diesem Buch beschrieben wird, befasst sich mit den Ursachen, die ein Ungleichgewicht in einem Menschen hervorruft, und sie zeigt verschiedene Möglichkeiten, diese Ursachen zu erkennen und zu beheben. Im Folgenden werde ich kurz auf die verschiedenen Ebenen eingehen, die wesentlich für den Heilungsprozess sind.

Die Bedeutung der Persönlichkeit

Unsere Persönlichkeit hat im Wesentlichen mit unserem Selbstbild zu tun – also damit, „wer ich bin". Sie entwickelt sich durch unsere genetischen Anlagen, die Sozial- und Umweltbedingungen, in die wir hineingeboren werden und in denen wir aufwachsen, sowie die Erfahrungen, die wir machen.

Alle gesellschaftlichen Normen und Werte wirken sich auf sie aus, ob uns das bewusst ist oder nicht. Selbst wenn wir rebellieren, tun wir das in Hinblick auf diese Werte. Wie sich all diese Bedingungen auf eine jeweilige Person auswirken, ist vollkommen individuell. Es gibt ähnliche Lebensverhältnisse, die bei einer Person dazu führen, kriminell zu werden, und bei der nächsten Person Engagement und Mitgefühl für alle Lebewesen hervorruft.

Unsere persönliche Geschichte ist ein wesentlicher Faktor, wenn es darum geht, Ursachen für bestimmte, begrenzende Muster in uns zu finden.

Ein besonders wichtiger Bereich unserer persönlichen Geschichte ist die Bedeutung des inneren Kindes.

Die Bedeutung des inneren Kindes

Erfahrungen, die wir im Leben machen, beeinflussen uns in dem Maß, wie sie sich prägend auf uns auswirken. Das hat viel mit den synaptischen Strukturen zu tun, von denen ich im Vorfeld geschrieben habe.

Das Gehirn eines sich entwickelnden Embryos ist noch sehr frei und flexibel. Es gibt organisch betrachtet kaum festgelegte synaptische Strukturen. Der Prägungsprozess beginnt jedoch bereits im Mutterleib.*[17]

Eine Prägung entsteht, wenn eine bestimmte Erfahrung, die wir vor allem in unseren ersten Lebensjahren machen, entweder sehr intensiv ist oder sich häufig wiederholt (oder beides zusammen). Wenn eine Prägung sich erst einmal in eine bestimmte synaptische Bahn fest geformt hat, dann ist es schwer, etwas anderes daraus zu machen. Deshalb sind die ersten Prägungen in unserem Leben so eindrücklich und so wichtig, denn alles Weitere baut darauf auf. Ein Baby hat noch keine Möglichkeit, eine Erfahrung mit mentaler Distanz zu betrachten und zu bewerten. Es hat keine Möglichkeit, Position zu beziehen. Es ist in einem vollkommen abhängigen und rezeptiven Zustand. Es hat keine Schutzfilter.

Die vollkommene Abhängigkeit ist ein weiteres wichtiges Thema, weswegen unsere (frühe) Kindheit so prägend für uns ist. Für unser Überleben sind wir von bestimmten Menschen abhängig. Deshalb spielen diese Menschen, zumeist die Eltern, in unserem Leben eine so große und existenzielle Rolle. Im Laufe unserer Kindheitsentwicklung gibt es bestimmte wichtige, entwicklungsbedingte Themen, die, je nachdem wie sie erlebt werden, einen großen Einfluss auf unser Leben und die psychische Stabilität haben. Darauf werde ich im weiteren Verlauf des Buches noch genauer eingehen.

Um auf unser Beispiel mit dem Mädchen und ihrer Vaterwunde zurückzukommen, liegt in ihrer persönlichen Kindheitsentwicklung eine wesentliche Ursache für das Thema des nicht wirklich Gesehen- und Gewollt- Seins. Sie hat in dieser Entwicklungsphase nicht die Möglichkeit zu verstehen, dass das Verhalten ihres Vaters die Folge seiner eigenen Kindheitswunde ist. Sie erlebt sein Nichtpräsentsein und kann gar nicht anders, als es persönlich zu nehmen.

Die Bedeutung des Körpers

Unser Körper ist zunächst einmal das Vehikel, welches uns durchs Leben trägt. Er hat motorische Eigenschaften und Fähigkeiten, ist aber auch sehr empfindsam, durch die vielen Nervenbahnen, die ihn durchziehen. Deshalb ist es von großer Bedeutung, in welcher Verfassung unser Körper ist. Können wir uns frei bewegen? Fühlen wir uns wohl? Es gibt viele Menschen, die beispielsweise unter motorischen Einschränkungen oder sogar chronischen Schmerzen leiden. Dieser Zustand führt zu einer starken Beeinträchtigung des allgemeinen Wohlbefindens bis in die psychische Grundverfassung hinein.

Der Körper hat aber noch eine weitere Eigenschaft: Er ist ein sehr präziser Speicher- und Informationsträger. Die Sparte der Psychosomatik in der Medizin hat seit Langem erforscht, dass psychische Störungen häufig die Tendenz haben, sich in körperlichen Symptomen zu manifestieren.*[18] Es gibt die klassischen psychosomatischen Krankheiten, bei denen die Mediziner davon ausgehen, dass ihre Ursache tatsächlich in der Psyche liegen, aber eigentlich kann man, wenn man einen Menschen ganzheitlich betrachtet, die körperlichen Phänomene niemals völlig losgelöst von anderen Teilen des Gesamtorganismus betrachten. Man kann den Körper also als Informationsträger verstehen, dessen Ausdruck und Verfassung uns wertvolle Hinweise darüber liefern

können, wo die tiefere Ursache eines bestimmten Problems liegen könnte.

Darüber hinaus lassen sich viele psychische Themen auch über die Körperebene behandeln. Manchmal ist es besser, die belastende Information aus den Körperzellen zu lösen, als zu versuchen, ein Problem zu verstehen und zu analysieren – besonders dann, wenn der Körper selbst verletzt und traumatisiert wurde. Es gibt viele körperorientierte Ansätze zu Behandlung und Heilung von körperlichen oder psychischen Beschwerden. Dazu zählen beispielsweise die Bioenergetik [19], die Biodynamik, bestimmte Arten von Massagen, wie das Shiatsu [20], die Alexandertechnik [21] oder das Tibetan Tantra [22], welches ich selbst in meiner Arbeit anwende.

Für den Körper unseres kleinen Mädchens bzw, der inzwischen erwachsenen Frau könnte es sehr heilsam sein, auf der körperlichen Ebene all die Anspannung zu lösen, die sich aufgebaut hat, als sie anfing, ihre Liebe zurückzuhalten, um nicht immer ins Leere zu laufen. Außerdem könnten spezifische körperliche Symptome ein Indiz für die besondere Ausprägung ihres Themas sein. Es ist nicht zufällig, in welchen Organbereichen sich die Auswirkungen eines psychischen oder seelischen Leides zeigen. Die Blase beherbergt zum Beispiel andere Themenkomplexe als der Magen. Je nachdem, ob man aus dem Blickwinkel der psychosomatischen Medizin oder dem System der tibetischen Heilkunst auf diese Organe schaut, kann die Blase zum Beispiel Stress, die Notwendigkeit loszulassen oder Selbstzweifel in sich bergen. Im Magen spiegeln sich Überforderung, Zwanghaftigkeit und auch das Bedürfnis nach Nähe und Sicherheit bzw. die Ambivalenz zwischen dem Bedürfnis nach Nähe und dem nach Freiheit und Autonomie.

Die Bedeutung der Seele

Wie bereits erwähnt, hat mir die Erfahrung gezeigt, dass es sehr hilfreich ist, den Bereich der Seele in einen Heilungsprozess mit einzubeziehen. Ich kann und möchte niemanden davon überzeugen, dass es so etwas wie vergangene Leben gibt. Ich kann nur feststellen, dass die Informationen, die sich diesbezüglich in meiner Arbeit zeigen, positive Folgen für das hiesige Leben meiner Klientinnen und Klienten haben.

Vieles, was wir an „Problemen" in diesem Leben mit uns herumtragen, lässt sich in seiner Ursache aus unserer Kindheitsentwicklung finden und lösen. Es gibt jedoch immer wieder Momente, in denen diese Ursachenebene für eine Erklärung nicht ausreicht, um zu einer wirklichen Lösung zu kommen. Es kann sogar so weit gehen, dass sich keine Ursache in der Kindheitsgeschichte finden lässt. An diesen Punkten liegen die Auslöser für ein Problem oft weiter zurück – entweder in der vorgeburtlichen Zeit oder in Ereignissen aus vergangenen Leben.

Die Erfahrungen unserer Seele bestimmen zu einem nicht unwesentlichen Teil die Umstände, in die wir hineingeboren werden. Es geht dabei nicht um Belohnung oder Bestrafung, wie die Lehre des „Karmas" oft so eindimensional verstanden wird, sondern um Wachstum und Erkenntnis. Eine sehr interessante Ansicht hat Elleen Caddy, die Mitbegründerin von Findhorn [*23], einer spirituellen Lebensgemeinschaft in Schottland, einmal bei einem Vortrag mit ihren Zuhörern geteilt. Sie sagte, ihr wäre die Einsicht gekommen, dass es Seelen gibt, die sich dafür „schenken", eine bestimmte Form von Leiden zu erleben, damit andere Menschen die Qualität des Mitgefühls entwickeln können. Diese These ist natürlich auch sehr gewagt und soll nicht zu dem Schluss führen, dass das Leiden anderer Menschen irgendwie egal sein könnte, nur weil sie vielleicht diesen Weg gewählt haben. Ich erwähne sie jedoch, um jegliche eindimensionale Bewertung über Lebensumstände, die wir bei uns oder anderen sehen, in eine Schublade von Ursache („der hat bestimmt was richtig Schlimmes in einem vergangenen Leben gemacht ...") zu stecken.

Wir alle sind evolutionäre Wesen. Auch unsere Persönlichkeit in diesem Leben ist auf Wachstum und Entwicklung angelegt. Das Leben gibt uns immer wieder neue Gelegenheiten, unsere alten Überzeugungen zu überprüfen und Begrenzungen zu überwinden. Außerdem spielt die Beziehung der Seele zu sich selbst immer eine herausragende Rolle. Ganz besonders häufig findet sich

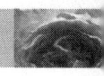

hinter einer Opfergeschichte in diesem Leben ein tiefes Muster der Selbstbestrafung auf der Seelenebene. Zum Beispiel kommt es oft vor, dass Frauen vergeblich einen Partner suchen. Seit Jahren haben sie alles versucht, nie hat irgendetwas den durchschlagenden Erfolg zu einer glücklichen Paarbeziehung gebracht. Ich bin mir natürlich durchaus bewusst, dass diese Erfahrung sehr viele unterschiedliche Ursachen haben kann, aber ich habe mit meinen Klientinnen meist eine tief verborgene Schicht von Selbstbestrafung aufgedeckt. Diese rührt oft daher, dass die Seele glaubt, in vergangenen Leben die Männer (oder einen bestimmten Mann) verletzt zu haben und deshalb deren Liebe nicht mehr zu verdienen. Solche Erinnerungen und Selbstverurteilungen aufzudecken und zu lösen, kann manchmal Wunder wirken.

Für die Frau in unserem Beispiel könnte eine ähnliche Erinnerung auch dazu beigetragen haben, dass sie als Mädchen überhaupt einen Vater mit diesen Eigenschaften „bekam".

Die Bedeutung des kollektiven Feldes

Über die Beschaffenheit des kollektiven Feldes habe ich ja bereits geschrieben. Das kollektive Feld ist immer auf irgendeine Weise am Entstehungs- und am Heilungsprozess von Themen, die uns begrenzen, beteiligt, da es uns durchdringt und beeinflusst. Die individuelle Erfahrung und Geschichte einer Person entscheidet darüber, wie sehr wir mit den einzelnen kollektiven Feldern resonieren. Ich bin zwar einerseits als Frau immer auch mit dem weiblichen Schmerzkörper des kollektiven Feldes verbunden, der unter anderem durch die Erfahrungen im Patriarchat entstanden ist – einfach durch die Beschaffenheit meines Körpers. Aber es macht natürlich einen Unterschied, ob ich eine „normale" sexuelle Entwicklung erleben durfte oder in meiner Kindheit sexuell missbraucht wurde. In letzterem Fall wirkt sich dieser Aspekt des kollektiven Feldes viel stärker auf mich aus und führt zu einer Intensivierung des individuellen Gefühls aus der eigenen Geschichte.

Auch wirken sich kollektive Werte auf besondere Weise auf uns aus. Wir sind Wesen, deren Natur es ist, in Gemeinschaft

zu leben. Es mag dabei immer wieder Ausnahmen geben, aber bis jetzt ist das menschliche Dasein auf diese Weise angelegt. Für ein Zusammenleben braucht man gemeinsame Regeln und Werte, die im besten Fall so großzügig angelegt sind, dass man sich darin auch individuell entfalten kann. Jenseits dieser Grenzen droht einem Menschen, aus der Gemeinschaft ausgeschlossen zu werden. Auch wenn das heutzutage nicht mehr den unmittelbaren Tod bedeutet, so ist es doch für die meisten immer noch ein traumatisches Ereignis, welches das gesamte innere Gleichgewicht stark ins Wanken bringen kann.

Die Bedeutung des systemischen Feldes

Eine besondere Form der kollektiven Ebene ist die sogenannte systemische Ebene, die in den vergangenen Jahrzehnten Einzug in die Psychologie gefunden hat.

Die systemische Ebene beinhaltet das Informationsfeld eines spezifischen, in sich geschlossenen Systems. Klassischerweise ergibt beispielsweise eine Familie ein System, aber auch Firmen, Schulen und alle Arten von Kollegien bilden Systeme.

Ein System beinhaltet alle Teilnehmer, die ihm angehören. Es hat die Eigenschaft, nach „Ordnung" zu streben. Ordnung heißt zum einen, dass es eine Art natürlicher Rangfolge in dem System gibt und dass darüber hinaus jeder, der diesem speziellen System angehört, dort auch einen oder genauer gesagt seinen speziellen Platz hat. Die Rangfolge hat grundsätzlich etwas mit der Reihenfolge zu tun. In einer Familie waren erst die Eltern da, dann kamen die Kinder und dann die Enkel – diese Reihenfolge bestimmt die Rangfolge. Diese Rangfolge hat jedoch nichts mit einer Wertehierarchie zu tun, sondern mit einer grundsätzlichen Achtung vor der Tatsache, dass das Vorhergehende das Nachfolgende erst ermöglicht. Bert Hellinger [*24], der diese systemischen Erkenntnisse maßgeblich der Allgemeinheit zugänglich machte, hat einmal sinngemäß gesagt: „Eltern wird man nicht durch besondere herausragende Charaktereigenschaften, sondern durch einen körperlichen Vollzug." Wenn diese Ordnung stimmt und

jeder an seinem Platz ist, entsteht Harmonie im System und jeder der Dazugehörigen kann sich auf seinem Platz und von seinem Platz aus frei im Leben bewegen.

Ist diese Ordnung gestört, versuchen andere, meist nachfolgende Teilnehmer des Systems – wie Kinder oder sogar Enkel – diese „Unordnung" auszugleichen, indem Sie zum Beispiel stellvertretend einen fremden Platz im System einnehmen. An diesem „falschen" Platz sind sie gebunden oder, wie es im Fachjargon heißt, verstrickt mit dem fremden Schicksal einer anderen Person. Das Fatale daran ist, dass diese Mechanismen vollkommen unbewusst sind und die betreffenden Personen zunächst einmal überhaupt nicht wissen, dass sie, im übertragenen Sinn, an einem falschen Platz stehen. Das äußerst sich dann oft dadurch, dass dieser Mensch nicht so richtig in sein Leben kommt, keine Kraft für das eigene Schicksal entwickeln kann oder auf besondere Weise zu Unfällen neigt. Es kommt auch vor, dass sich jemand ab und zu fühlt oder verhält, wie es eigentlich gar nicht dem eigenen Naturell entspricht.

Die Ordnung kann auf verschiedene Weise durcheinander gebracht werden. Ich will nur ein paar Beispiele nennen: Es kommt vor, dass einem Mitglied die Zugehörigkeit verweigert wird. Das gab es häufig in unserer Großelterngeneration, wenn eine Frau unehelich schwanger wurde. Oft wurde die werdende Mutter aus ihrem normalen Umfeld gebracht und bekam das Kind heimlich, an einem fremden Ort. Das Kind wurde nach der Geburt im besten Fall an entfernte Verwandte gegeben, es kam aber auch vor, dass es von fremden Menschen oder gar im Waisenhaus groß wurde, ohne jemals von seiner eigenen Familie zu erfahren. Eine andere Störung der Ordnung im System entsteht, wenn jemand auf besondere Weise Schuld auf sich geladen hat – besonders, wenn diese Schuld nicht ans Licht gekommen ist, wie zum Beispiel bei einem Mörder. Das findet sich unter anderem in unserer jüngeren Geschichte des 2. Weltkrieges, wenn Menschen, die eine tragende Rolle bei der Vernichtung der Juden gespielt haben, hinterher unbehelligt blieben. Ich möchte an dieser Stelle nur klärend hinzufügen, dass die Definition des Mörders im systemischen Sinne nicht für einen normalen Soldaten gilt. Hier spielen andere größere

Schicksalsbewegungen eine Rolle, wo der Einzelne seinen Platz im nationalen System einnimmt und, wie es dann heißt, „in den Dienst genommen ist". Eine weitere Störung der systemischen Ordnung kann entstehen, wenn eine Person frühzeitig gestorben ist, wie es bei einer Mutter der Fall ist, die im Kindbett gestorben ist, oder wenn Eltern bei einem Verkehrsunfall ums Leben kommen, bevor die Kinder ein bestimmtes Alter erreicht haben.

Im Beispiel unserer Frau könnte der Vater einen systemischen Drang haben, seinen Eltern, die er früh verloren hat, in den Tod zu folgen. Somit ist er nicht präsent für das Leben und die Menschen, die ihn in der Gegenwart umgeben. In der Tochter könnte, als systemische Reaktion, eine unbewusste Weigerung entstehen, sich auf ein eigenes, erfülltes Leben einzulassen, da sie Angst hat, ihren Vater an den Tod zu verlieren, wenn sie ihn „verlässt". In diesem Fall wären unglückliche Beziehungen ein Ausdruck der Liebe und Loyalität für den Vater und sein Schicksal.

Es ist häufig sehr hilfreich, die systemische Ebene im Blick zu haben, wenn man etwas für sich oder sein Leben klären möchte. Wenn ein persönliches Problem auf der systemischen Ebene gründet, kann man die Lösung nicht in der eigenen individuellen Lebensgeschichte finden und man kann sich dann kreuz- und quer-therapieren, ohne dass es zu einer wesentlichen Verbesserung führt.

Die systemischen Verstrickungen lassen sich durch die Arbeit mit Aufstellungen sichtbar machen und lösen. Familien-, Themen- und Organisationsaufstellungen sind heutzutage sehr bekannt und verbreitet. Sie finden im Anhang Literatur darüber, falls Sie sich für diese Arbeit näher interessieren.

Die Bedeutung der Unterscheidung zwischen Gefühlen und Emotionen

Unser gesamtes Dasein ist immer von Gefühlen durchwoben. Eine besondere Rolle spielen Gefühle in Beziehungen und Beziehungskonflikten. Das Neurologen- und Neuropsychologenpaar

Antonio und Hanna Damasio haben eine sehr wichtige und hilfreiche Unterscheidung zwischen Gefühlen und Emotionen herauskristallisiert.*[25] Diese Unterscheidung führt dazu, das, was uns bindet, zu lösen und das, was zu unserem natürlichen Ausdruck gehört, zu befreien.

Gefühle gehören zur Grundausstattung unseres Wesens und sind essenziell für unser Leben und Erleben. Die gesamte Palette unserer Gefühle hat in ihrer natürlichen Form ihre Daseinsberechtigung. Die Freude stärkt und belebt uns, Traurigkeit reinigt uns und hilft uns, Schmerz zu verarbeiten, Wut aktiviert unseren Selbstschutz und gibt Kraft, und die Angst hindert uns daran, Dinge zu tun, die unser Leben bedrohen würden, oder aktiviert Fluchtverhalten, um Gefahr für Leib und Leben zu verhindern. Gefühle sind ihrer Natur nach flüchtig. Wenn man allerdings die Liebe in die Riege der Gefühle mit aufnimmt, so nimmt sie eine Sonderstellung ein. Denn Liebe ist unsere Natur und ist immer da, auch wenn Sie manchmal verdeckt und für uns nicht fühlbar ist.

Emotionen dagegen entstehen dadurch, dass der natürliche spontane Ausdruck unserer Gefühle – besonders der sogenannten negativen Gefühle – behindert wurde. Ein gängiges Beispiel unserer Gesellschaft ist der kollektive Umgang mit Wut. Wie viele von uns haben, besonders als Kind, gehört, dass sie falsch, schlecht und böse sind, wenn sie ihre Wut zeigen. Oft wurde man dafür bestraft, wütend zu sein, oder auch dann, wenn man traurig war. Selbst der Ausdruck von Freude, in einem „unpassenden" Moment, kann zu Kopfschütteln und Stirnrunzeln bei den Erwachsenen führen. Auf diese Weise dürfen sich die Gefühle im eigentlichen Moment ihres Entstehens nicht einfach ausdrücken und entladen, sondern werden unterdrückt. Wenn Gefühle unterdrückt werden, bleiben sie in unserem Körpersystem hängen, werden toxisch und verwandeln sich in Emotionen, in eine Energie, die sich nachweislich unter anderem in unserem Bindegewebe ablagert. Sie entwickeln eine eigene Dynamik, in der sie dazu tendieren, sich nicht in der gegenwärtigen Situation spontan zu entladen, sondern Situationen zu erschaffen, in denen sie sich immer wieder neu aufladen und verstärken. So verhindern Emotionen letztendlich genau das, was Gefühle eigentlich bewirken sollen. Sie klären und reinigen uns nicht, sondern ziehen uns immer tiefer in ihr Feld hinein.

Das Phänomen der Emotionen wird auch von Eckhart Tolle in seinen Betrachtungen über den „Schmerzkörper" aufgegriffen und aus seiner spezifischen Warte interpretiert.*[26]

Wenn Sie sich einmal bewusst dabei beobachten, wie sie (voller „Unschuld") einen Streit vom Zaun brechen und welche Gefühle von Selbstgerechtigkeit es zum Beispiel auslöst, wütend zu sein. Das kann sehr spannend sein ...

Ob Sie gerade ein Gefühl haben oder eine Emotion reproduzieren und verstärken, ist am Anfang sehr schwer zu unterscheiden. Es gibt aber einige Kriterien, die dabei helfen können, diese Unterscheidung zu machen.

Der Grundunterschied ist, dass ich, wenn ich im Gefühl bin, verletzlich und offen bin, während ich mich in einer Emotion als Opfer und verschlossen fühle. Im Gefühl bin ich bei mir. Wenn ich emotional bin, zeige ich mit dem Finger auf mein Gegenüber. In einer Emotion fühle ich mich nicht verstanden, sondern einsam, taub im Körper, die Kommunikation dreht sich im Kreis, ich neige zur Provokation und alles scheint hoffnungslos. Im Kontakt mit einem Gefühl, nehme ich mich selbst an und fühle mich verbunden, spreche von mir selbst und bin voller Zuversicht. Es gibt keine Diskussion, sondern einen Austausch und ich bleibe meinem Gegenüber nah. Darüber hinaus gibt es eine schnelle und konstruktive Entwicklung der Situation.

Es ist sehr hilfreich, diesen Unterschied zu erkennen, da Emotionen, auch wenn wir das glauben, in keiner Weise zur Lösung eines Problems beitragen. Es ist eine sich selbst wiederholende und verstärkende Litanei.

Die Tragik liegt darin, dass natürlich ein realer Schmerz hinter unseren Emotionen steht. Wir sind auch nicht falsch, weil wir Emotionen haben und immer wieder emotional werden, aber wenn Emotionen aktiviert sind, ist es hilfreich, eine Diskussion

zu unterbrechen und die ganze alte, festgehaltene Energiesoße endlich ein- für allemal zu befreien – in Eigenverantwortung.

Der erste Schritt dafür ist, die festgefahrene Situation zu unterbrechen. Der emotionale Teil möchte das natürlich überhaupt nicht und es braucht, besonders am Anfang, eine bewusste Entscheidung und Zielorientierung, um den Ort des Dramas zu verlassen.

Oft hilft es, einfach nur ungestört in einem eigenen, geschützten Raum zu sein und alles aus sich herauszuschreien und zu toben, bis die Energie erlöst ist. Am Anfang mag das ungewohnt, peinlich und vielleicht sogar ein bisschen Angst einflößend sein. Schon allein weil wir ja ein Leben lang darauf trainiert wurden, unsere Gefühle zu kontrollieren, da sonst womöglich ein Gesichtsverlust droht. Aber je älter diese Emotionen sind, desto dicker ist auch der energetische Pfropfen, der sich gebildet hat. So bekommt man leicht das Gefühl, auf einem Pulverfass zu sitzen, und wenn ich das anstecke, dann weiß ich nicht mehr, was passiert. Hier meldet sich eine Angst vor Kontrollverlust, doch je mehr sich die angestauten Emotionen lösen, desto leichter und schneller durchläuft unser System eine Katharsis. Irgendwann kann man an einen Punkt kommen, wo Wut regelrecht Spaß macht. Wenn Emotionen sehr hartnäckig oder mit großer Angst verbunden sind, dann ist es hilfreich, sich in professionelle Begleitung zu begeben. Mit dieser Unterstützung können die alten Erfahrungen und Muster gelöst werden, die dazu geführt haben, dass es überhaupt zum Gefühlsstau kommen konnte. Das eine muss das andere übrigens nicht ausschließen.

Nach dieser Einführung als Grundlage in die Thematik werde ich mich im 2. Teil des Buches mit konkreten Themen befassen, die sich in meiner Arbeit als Begleiterin und Therapeutin für Frauen häufig als relevant herauskristallisiert haben.

Neben grundsätzlichen Gedanken und Einsichten werden Sie als Leser/In die Möglichkeit bekommen, mit lösenden Sätzen und verschiedenen Übungen zu experimentieren, wenn Sie sich persönlich von einem der Themen angesprochen oder betroffen fühlen.

Dieses Buch ist kein Ersatz für therapeutische oder sonstige Hilfe, die Sie unbedingt in Anspruch nehmen sollten, falls Sie beim Lesen oder auch schon vorher auf tiefer gehende seelische Verletzungen gestoßen sind.

Teil II

Die Praxis

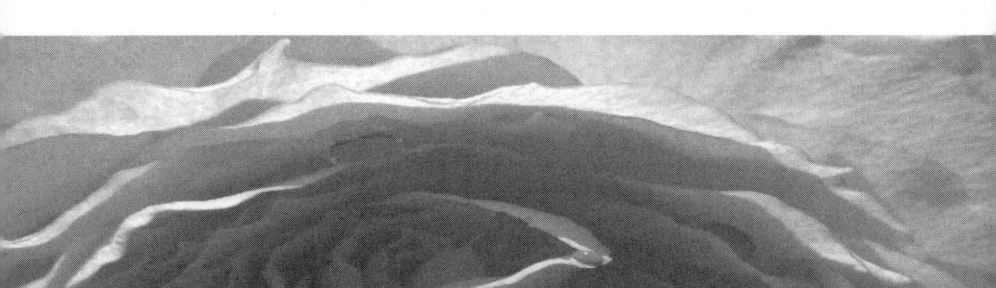

5. Kapitel
Einführung in die Technik des Releasings

Bevor wir uns nun den einzelnen Themeninhalten widmen, möchte ich eine Technik einführen, mit deren Hilfe Sie unter Anleitung des Buches selbstständig Blockaden aus Ihrem Bewusstsein, Körper und Energiefeld lösen können.

Im Anschluss an jedes Kapitel finden Sie eine Liste lösender Sätze, die Sie, sofern Sie eine Resonanz fühlen oder einfach nur neugierig sind, für sich selbst laut aussprechen können.

Releasing *27, zu Deutsch loslassen oder erlösen, ist eine einerseits einfache, jedoch gleichzeitig sehr kraftvolle Methode, die von dem amerikanischen Ehepaar Dr. E. E. Isa und seiner Frau Ruth Yolanda Lindwall entwickelt wurde. Die Lindwalls entdeckten die Wirkung des gesprochenen Wortes auf unser Energiesystem. Man kann diese Wirkung zum Beispiel durch die Anwendung kinesiologischer Tests *28 deutlich sichtbar machen.

Im Kern geht es beim Releasing darum, die Ursachen von begrenzenden Themen und Mustern, die wir in uns tragen, aufzudecken und loszulassen. Das klingt jetzt ganz einfach, vielleicht zu schön um wahr zu sein, aber es funktioniert.

Je mehr eine Person mit sich, ihrem Körper und den Gefühlen in Kontakt ist, desto intensiver und kraftvoller wirkt der Releasingprozess. Man kann die verschiedenen Anwendungs- und Wirkungsbereiche des Releasings mit der Zahnpflege vergleichen. Jeder Mensch kann sich selbst die Zähne putzen. Übertragen auf die Releasingmethode bedeutet das, dass wir all die kleinen

Ärgernisse und Irritationen des Alltags, sofern wir es möchten, mit Releasing selbstständig lösen können. Zum Beispiel der Ärger über den Autofahrer, der mir gerade die Vorfahrt genommen hat, oder das Gefühl von Beklemmung, Verunsicherung und Verwirrung, wenn ein unbekannter Mensch in einer Kontaktsituation besonders unfreundlich zu mir gewesen ist. Das sind kleinere oder auch größere konkrete Dinge des Alltags, die mehr oder weniger gravierend sind, uns aber potenziell für eine Zeit aus dem Gleichgewicht bringen können. Diese Erfahrungen sind jedoch meist so konkret und deutlich, dass man schnell einen eigenen Zugang zu dem finden kann, was geschehen ist und was es in einem ausgelöst hat.

Wenn wir, um beim Vergleich mit den Zähnen zu bleiben, aber zur Vorsorge gehen oder sogar Zahnschmerzen haben, dann ist es nötig, eine spezialisierte Person vom Fach aufzusuchen. In dem Fall wäre es der Zahnarzt und beim Releasing wäre es die professionelle Begleitung, die mir helfen kann, aus tieferen Schichten meines Unterbewusstseins Ursachen ans Licht zu bringen, die zu einem maßgeblichen Teil die momentane Problematik oder auch grundsätzliche Themen in meinem Leben bestimmen.

Also, was bedeutet das jetzt konkret und wie funktioniert es?

Man kann Releasing in jeder Lebenslage anwenden. Man kann die Technik für sich allein anwenden oder in einer Gruppe. Man kann sie beim Joggen, unter der Dusche, aber auch in einem gesammelten meditativen Zustand praktizieren. Es gibt jedoch so etwas wie eine klassische Form. Die klassische Form findet in einem Setting von zwei Personen statt. Eine der beiden geht mit ihren Themen in den inneren Prozess, und die andere Person fungiert als Begleiterin. Eine klassische Releasingsitzung besteht aus drei Phasen und einem Abschluss:

Phase 1:
Zunächst wird die Person, die an ihren Themen arbeiten möchte, von ihrer Begleiterin in einen Zustand der Tiefenentspannung geführt. In diesem Zustand ist man besser in der Lage, sich selbst wahrzunehmen und zu fühlen. Der Fokus der Wahrnehmung wird nach innen gelenkt. (Siehe Seite 198)

Phase 2:

Der zweite Schritt besteht darin, dass wir uns gemeinsam oder auch jede für sich, innerlich an eine Kraftquelle anbinden, die wir in der Arbeit neutralerweise das *Höchste Bewusstsein* nennen. Dieser Schritt hat eine ganz praktische Bedeutung. Es geht dabei nicht um ein Glaubensbekenntnis. Man kann diese Kraft von einer spirituellen oder einer naturwissenschaftlichen Warte betrachten. Sowohl alle Religionen wie auch die Naturwissenschaften sind sich einig, dass alles, was in unserer sichtbaren Wirklichkeit existiert, aus einer Art Urenergie (schöpferische, göttliche kausale Kraft) oder Urmaterie (Urknalltheorie) entstanden ist. Beide Ansichten gehen von der Tatsache aus, dass diese Urkraft in ihrer Essenz in allem enthalten ist, was existiert. Das bedeutet, wenn wir uns mit dieser Urkraft verbinden, dann verbinden wir uns gleichzeitig mit einer Art „universeller Datenbank". So ist die bewusste Anbindung an das Feld des Höchsten Bewusstseins vergleichbar mit dem Öffnen einer Suchmaschine in einem Computer. Ich muss dann „nur noch" meine Suchbegriffe eingeben und der Computer oder eben diese Kraft versorgen mich mit allen entsprechenden Informationen, die ich für mein Vorhaben brauche.

Sich mit dieser Informationsquelle zu verbinden, bedeutet andererseits auch, dass wir „nur" die Informationen bekommen, die im Einklang sind mit der höheren Intelligenz des Geistes wie auch mit dem Einverständnis der Seele, die wir begleiten. Die Begleiterin oder Therapeutin steht dabei nicht in einer allwissenden Machtposition nach dem Motto: „Ich sehe was, was du nicht siehst." Die Informationen, die uns gegeben werden, entstehen aus dem Austausch zwischen Klientin und Begleiterin. Wie das im Einzelnen geschieht, ist immer ganz individuell. Es kann sein, dass die relevanten Informationen durch das System der Klientin in Erscheinung treten und zwar in Form von besonderen Körperempfindungen, wie zum Beispiel Kälte, Hitze, Verspannungen, energetische Phänomene etc. Vielleicht kommen Gefühle an die Oberfläche des Bewusstseins, oder die Klientin muss spontan an etwas Bestimmtes denken. Es passiert gelegentlich, dass die Klienten innere Bilder sehen, und auch diese sollten nicht als Fantasiegebilde abgetan werden, sondern können wertvolle Hinweise auf das sein, was das Unterbewusstsein mitteilen möchte.

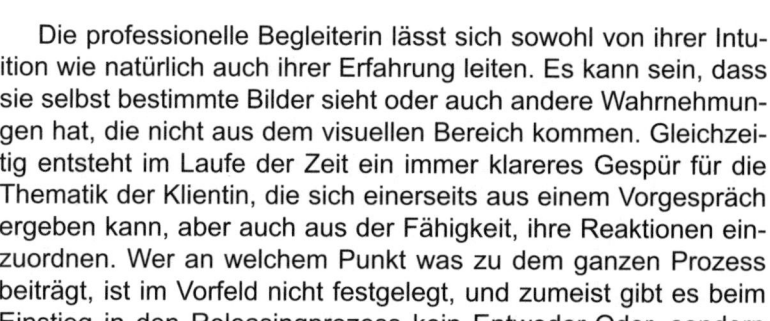

Die professionelle Begleiterin lässt sich sowohl von ihrer Intuition wie natürlich auch ihrer Erfahrung leiten. Es kann sein, dass sie selbst bestimmte Bilder sieht oder auch andere Wahrnehmungen hat, die nicht aus dem visuellen Bereich kommen. Gleichzeitig entsteht im Laufe der Zeit ein immer klareres Gespür für die Thematik der Klientin, die sich einerseits aus einem Vorgespräch ergeben kann, aber auch aus der Fähigkeit, ihre Reaktionen einzuordnen. Wer an welchem Punkt was zu dem ganzen Prozess beiträgt, ist im Vorfeld nicht festgelegt, und zumeist gibt es beim Einstieg in den Releasingprozess kein Entweder-Oder, sondern es entsteht eine Kommunikation, die aus dem gemeinsamen Spüren und Wahrnehmen erwächst.

Phase 3:
Die dritte Phase beinhaltet den eigentlichen Releasingprozess. Die Klientin hat dabei die Aufgabe, zu fühlen und wahrzunehmen, was in ihr vorgeht, sowohl auf der physischen wie auch auf der emotionalen und mentalen Ebene. All diese Eindrücke kommuniziert die Klientin ihrer Begleiterin, die sich auf diese Informationen sowie auf die Klientin selbst einstimmt und Fragen zur weiteren Klärung und Ortung des Themas stellt. An irgendeinem Punkt in diesem Kommunikationsprozess werden die vergangenen Erfahrungen deutlich, die die Grundlagen für begrenzende Muster und Blockaden in unserem Leben wesentlich mit verursacht haben. Und an diesem Punkt kommt nun die eigentliche Technik des Releasings zum Einsatz. Meistens formuliert die Begleiterin lösende Sätze, die die Klientin nachspricht und die mit gerade auftauchenden Erfahrungen und Erinnerungen in Verbindung stehen.

Es gibt ein paar **Grundkategorien**, in denen man solche Sätze formulieren kann:

~ Auswirkungen von konkreten Erfahrungen:
Da wäre zunächst eine Erfahrung an sich. Gehen wir einmal von folgendem Szenario aus:
Bei mir ist eine Klientin, die schon von Anfang an ängstlich und unsicher wirkt. Nachdem sie in einen entspannten Zustand versetzt wurde, erzählt sie mir auf Nachfrage, dass sie so ein flaues Gefühl im Magen habe und Angst verspüre. Ich frage sie, ob das

eine bekannte oder eher unbekannte Angst sei, die sie da fühlt. Sie erwidert, dass diese Angst schon, seitdem sie sich erinnern kann, eine Art von Grundgefühl in ihrem Leben ist. Ich stelle ihr Fragen zu ihrer Kindheit und nach und nach kommt ans Licht, dass sie die Tochter eines alkoholkranken Vaters war, der im Alkoholrausch oft willkürlich aggressiv und gewalttätig wurde.

Es gab einige herausragende Situationen, wo sie Opfer dieser Gewalt wurde. Das wäre also die erste Kategorie, in der man Loslass-Sätze formulieren kann.

Ein passender Satz an dieser Stelle wäre dann zum Beispiel: „Ich lasse los die Auswirkungen, von meinem Vater geschlagen worden zu sein."
oder:
„Ich lasse los alle Auswirkungen der Situation, in der mein Vater mich damals beim Spielen überrascht hat und plötzlich auf mich eingeschlagen hat."

~ „Negative" Gefühle:

Erfahrungen dieser Art wirken sich natürlich immer auf unsere Gefühle und Emotionen aus. Das wäre dann die nächste (und immer sehr wesentliche) Kategorie.

„Ich lasse los alle Angst vor meinem Vater."
„Ich lasse los den Schock aus der Situation, wo er so plötzlich in mein Zimmer kam mit seiner Gewalt."
„Ich lasse los alle Gefühle der Traurigkeit und der Einsamkeit von damals." usw.

Eine Anmerkung zu den sogenannten „negativen" Gefühlen:

Bevor ich in meinen Beschreibungen fortfahre, möchte ich kurz auf die Bezeichnung „negative Gefühle" eingehen: Ich habe den Begriff „negativ" bewusst in Anführungszeichen gesetzt, denn es gibt keine negativen Gefühle im Sinne von falsch oder schlecht. Jedes Gefühl hat seinen Platz und seine Ausdrucksberechtigung. Die sogenannten negativen Gefühle haben in ihrer natürlichen Form die Aufgabe der Reinigung, Verarbeitung und Heilung – wie zum Beispiel die Trauer. Wut gibt uns die Kraft, uns zu verteidigen und abzugrenzen, und Angst signalisiert, dass es für unser Überleben besser ist, wenn wir die Beine in die Hand nehmen.

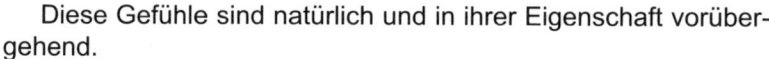

Diese Gefühle sind natürlich und in ihrer Eigenschaft vorübergehend.

Problematisch wird das Ganze, wenn das ursprüngliche Gefühl nicht ausgedrückt und zum Abschluss kommen kann. Entweder, weil es verboten ist („Ein Indianer kennt keinen Schmerz" oder „Wenn Du wütend bist, bist Du ein böses Mädchen und ich hab Dich gar nicht mehr lieb"), oder weil schmerzhafte wie beängstigende Situationen immer wiederkehren. Manchmal reicht hierfür ein einziges, besonders einprägsames Erlebnis, wie zum Beispiel ein Trauma. In anderen Fällen führt die häufige Wiederholung ähnlicher Erfahrungen zu dem gleichen Ergebnis. Dann erstarren wir in bestimmten inneren Anteilen sowohl in der betreffenden Situation wie auch in der Lebensphase, in der wir diese Erfahrung ursprünglich gemacht haben. Diese erstarrten Anteile tragen wir in unserem Leben weiter mit uns herum. Dort sind wir nicht in der Lage, dem natürlichen Reifungsprozess der Gesamtpersönlichkeit zu folgen. Die Anteile führen, wie unter einer Art Käseglocke, ein Eigenleben, sind aber in unserem emotionalen Erleben äußerst präsent und bestimmend. An dieser Stelle kann es sehr hilfreich sein, sich den Unterschied zwischen Gefühlen und Emotionen vor Augen zu halten. Ist Ihnen schon einmal aufgefallen, wie alt, oder genauer gesagt, wie jung Sie sich fühlen, wenn ein besonders intensives Gefühl in Ihnen angeregt wurde? Besonders dann, wenn es mit Empfindungen von Ohnmacht und Ausgeliefertsein einhergeht? Wenn also Gefühle aus irgendeinem dieser Gründe in unserem System hängen bleiben, werden sie, obwohl sie in unserer Kindheit und der damaligen konkreten Situation angemessen waren, chronisch, verwandeln sich in Emotionen und werden in Lebensphasen übernommen, in denen sie „eigentlich" nur noch hinderlich sind. Wenn ich mich als Kind vor dem Alleinsein fürchte, liegt es daran, dass ich mich noch nicht selbst schützen und versorgen kann, und von daher ist eine solche Angst in dieser Lebensphase verständlich und berechtigt. Als Erwachsener ist diese Angst jedoch vollkommen überflüssig.

Wie bereits gesagt, verwandeln sich die alten, festgehaltenen Gefühle in unserem System in Toxine. Diese Toxine lagern sich zum Teil in unserem Bindegewebe [*29], aber auch in einzelnen

Organen ab und belasten und schwächen den gesamten Körper. Dazu kommt, dass jegliche Energie, die wir festhalten, Energie braucht, um gehalten zu bleiben. Energie selbst ist von Natur aus immer in Bewegung. Die Energie, die wir zum Festhalten einsetzen, steht uns nicht mehr für den Fluss des Lebens und unserer eigenen Tatkraft und Lebendigkeit zur Verfügung.

Allgemein in unserer Kultur, aber besonders für uns Frauen, sind die Themen Wut und Aggression von wesentlicher Bedeutung. Die Energie, die hinter unserer Wut steht, ist reine Kraft und Lebendigkeit. Wir wurden dazu erzogen, unsere Wut zu unterdrücken. Die meisten Erwachsenen sind selbst nicht in der Lage, mit dem Wut- und damit verbundenen Kraftpotenzial umzugehen, da ihnen und vielen Generationen vor ihnen diese lebendige Kraft als Kind ebenfalls verweigert und ausgetrieben wurde. Oft wird diese Kraft regelrecht gebrochen – durch die Macht und Gewalt der Großen.

Besonders Mädchen sollen lieb und brav sein. Da jeder Mensch geliebt werden möchte und wir darüber hinaus auch Angst vor der Übermacht der Erwachsenen haben, entwickeln wir sehr früh Mechanismen, unsere Wut und das damit verbundene Kraftpotenzial zu unterdrücken.

Häufig richtet sich dieses Potenzial später gegen das eigene System. Das kann eine mögliche Ursache oder Teilursache von Depressionen sein. Was viele von Ihnen sicher kennen, ist das Gefühl, ab einem bestimmten Punkt auf einem Pulverfass zu sitzen, mit einer unglaublichen Angst vor dem, was passiert, wenn der Deckel von diesem Fass geöffnet wird.

Eigentlich geht es nur um Energie – unsere Energie. Und es geht um Kraft und letztendlich um die Fähigkeit zur wilden und ungehemmten Lust und Freude.

Ich möchte jede Frau ermutigen, dieses Fass zu öffnen und sich mit der Quelle und der darin enthaltenen Energie zu verbinden. Vielleicht ist es am Anfang mit sehr viel Angst verbunden. Vielleicht ist die Kraft zunächst ganz leise und kaum zu spüren

oder sie bricht irgendwann als Vulkan angestauter Emotionen aus Ihnen heraus. Aber wenn Sie anfangen, diese Energie zuzulassen, kommt sie an irgendeinem Punkt ganz sicher wieder in einem natürlichen Fluss. Dann steht sie uns in ihrer ursprünglichen und reinen Form zur Verfügung, als ein möglicher Ausdruck von vielem.

Darum kommt beim Releasing vor dem Loslassen häufig erst einmal das Zulassen. Alles, was sich an emotionaler Energie in uns aufgestaut hat, darf die Möglichkeit haben, sich zu zeigen und zu lösen.

~ „Negative" Überzeugungen:

Aus den Erfahrungen, die wir machen, entstehen häufig Überzeugungen und Schlussfolgerungen:
„Ich lasse los die Überzeugung, dass Männer gefährlich sind."
„Ich lasse los die Überzeugung, dass ich niemandem vertrauen kann"
wären in diesem Fall unter anderem typische Sätze.

~ Entscheidungen:

Erfahrungen, die wir machen, führen auch häufig zu Entscheidungen, die wir treffen. Entscheidungen kann man auf verschiedenen Bewusstseinsebenen treffen. Man kann zunächst einmal ganz bewusst eine Entscheidung treffen. Ein typisches Beispiel wäre der gute Vorsatz für das neue Jahr, den man an Sylvester fasst. Wenn ich mich entscheide, im neuen Jahr mit dem Rauchen aufzuhören, ist dies eine bewusste Entscheidung, die ich jederzeit widerrufen kann. Es gibt aber, besonders in der Kindheit, auch Entscheidungen, die auf einer weniger bewussten Ebene getroffen werden, und die trotzdem wirken, als seien sie eine bewusste Entscheidung.

In unserem Beispiel wäre eine mögliche Formulierung:
„Ich lasse los die Entscheidung, unsichtbar zu sein, damit mein Vater mich nicht bemerkt und schlägt."

Diese Entscheidung kommt öfter vor, als man denkt, und auch in verschieden Lebenszusammenhängen. Menschen, die so eine Entscheidung getroffen haben, wundern sich später, dass sie nicht wahrgenommen werden. Dass die Lehrer sich nie ihren Namen merken konnten und Ähnliches.

Deshalb kann es sehr erhellend und hilfreich sein, diese alten Entscheidungen und Glaubenssätze zu erkennen und neu und bewusst damit umzugehen, indem man sie loslässt oder bewusst widerruft.

~ Positive Affirmationen:

Meistens ist es so, dass allein das Aussprechen der lösenden Sätze einen natürlichen, konstruktiven Fluss in Gang setzt. Wenn ich also beispielsweise Angst loslasse, kann sich mein System entspannen und ich erlebe „automatisch" die Erfahrung von Entspanntsein und Vertrauen. Denn das ist der natürliche, gesunde Grundzustand meines Systems.

Manchmal ist es jedoch so, dass wir von Kindesbeinen an durch negative Erfahrungen so stark geprägt wurden, dass unser System regelrecht vergessen hat, wie sich der natürliche Zustand anfühlt.

In diesem Fall ist es hilfreich, mit sogenannten positiven Affirmationen zu arbeiten, um eine Idee zu vermitteln, was denn jetzt an Stelle der alten Empfindungen und Erfahrungen treten könnte.

In unserem Beispiel könnten folgende Sätze gut passen:

„Ich öffne mich für die Erfahrung, dass Männer freundlich und vertrauenswürdig sind."

„Ich lade die Erfahrung in mein Leben ein, mich sicher zu fühlen."

„Ich wähle es jetzt, sichtbar zu sein."

Positive Affirmationen nur für sich haben leider oft den gegenteiligen Effekt von dem, was sie bezwecken. Wenn ich tief in mir davon überzeugt bin, wertlos zu sein, dann erzeugt eine solche Selbstsuggestion nur zusätzlichen Druck in mir. Deshalb ist es für die Anwendung von positiven Affirmationen sehr hilfreich, zunächst die Erfahrungen, Einstellungen, Programmierungen und Selbstbilder zu erlösen, die mich bisher von dem Zustand abgehalten haben, den ich mir wünsche.*[30]

Alle beschriebenen Kategorien werden in einem Releasingprozess nicht schematisch angewandt, sondern ganz nach individuellem Bedarf innerhalb des Gesamtprozesses einer Releasingsitzung.

Die Ursachen von begrenzenden Themen und Mustern liegen sehr oft in der individuellen Kindheitsgeschichte. Und die steht (wie ich bereits erläutert habe) auch immer im Zusammenhang mit der kollektiven Geschichte sowie der konkreten Gesellschaftsstruktur, in der eine Person aufgewachsen ist und sozialisiert wurde.

Darüber hinaus beziehen wir in der Releasingarbeit auch nach Bedarf das Konzept von vergangenen Leben mit in die Arbeit ein.

Weder handelt es sich beim Releasing um eine „Reinkarnationstherapie" im klassischen Sinne noch ist es nötig, an vergangene Leben zu glauben, damit die Arbeit wirkt. Ich konnte in mittlerweile Hunderten von Sitzungen feststellen, dass es den Menschen hilft, Sätze und Bilder aus jenen Regionen des Bewusstseins loszulassen, die man vielleicht am ehesten als Intuition bezeichnen würde. Jeder kann sich seine eigenen Gedanken und Konzepte darüber machen. Unser Gehirn birgt ein riesiges Potenzial an Fähigkeiten und Speicherkapazität, das immer noch kaum erfasst ist. Wir Menschen wissen noch lange nicht, wie das Bewusstsein in seinem ganzen Spektrum funktioniert, wo es lokalisiert ist und welche Instanz in uns überhaupt „Ich" sagt. Wissenschaftler behaupten, dass die meisten Menschen nur einen Bruchteil ihres gesamten Gehirnpotenzials nutzen.*[31]

Ein großer Teil der Kapazität unseres Gehirns ist gefüllt mit unbewussten Erinnerungen. Wer weiß, ob die sogenannten Bilder aus früheren Inkarnationen nicht einfach ein Mechanismus des Gehirns sind, alte Erfahrungen auf diese Weise zu verkleiden? Aber selbst wenn es so wäre, weiß unser Bewusstsein, welche Bilder und Informationen wir loslassen wollen, wenn wir die Bilder so behandeln, wie sie wirken.

Beim Releasing kommt es einzig und allein darauf an, im Hier und Jetzt all das zu (er)lösen, was uns daran hindert, unsere Freiheit und unser volles Potenzial auf diesem Planeten, in diesem Körper zu verwirklichen. Es ist letztendlich nicht wichtig, wer wir einmal waren, sondern zu erkennen, wo wir noch Blockaden in unserem System mit uns herumtragen, die uns daran hindern, die ganze Fülle des Lebens im Jetzt zu erfahren.

~ Abschluss:

Am Ende einer Sitzung wird die Klientin bewusst aus dem Zustand der Tiefenentspannung zurückgeholt. Die meisten Menschen realisieren nicht, dass sie mit sehr tiefen Schichten ihres Unterbewusstseins in Kontakt waren, da während des gesamten Prozesses ein waches Gespräch mit der Therapeutin stattgefunden hat. Wenn dieser Abschluss ausbleibt, kann es sein, dass man zunächst vor allem räumlich etwas desorientiert ist. Um Schwindelanfälle und Ähnliches zu vermeiden, reicht es meistens aus, dem Bewusstsein einen Hinweis zu geben, dass es nun wieder auf den „Alltagsbetrieb" umstellen kann.

Wenn sehr viele Emotionen und schmerzhafte Erinnerungen während der Sitzung aktiviert wurden, ist es hilfreich, eine heilsame Visualisierung an das Ende des Prozesses zu setzen.

Das Wirkungsspektrum von Releasing

Releasing ist eine äußerst wirksame und effektive Selbsthilfe- und Therapiemethode. Ich möchte gleichwohl darauf hinweisen, dass jede Methode zwar ihre Wirkungskraft, aber auch ihre Grenzen hat. Man kann beim Releasing drei Wirkungsebenen unterscheiden:

~ Zunächst einmal gibt es konkrete Ereignisse und Erfahrungen, die wir uns anschauen und tatsächlich ein- und für allemal loslassen können. Wenn ich zum Beispiel unvorhergesehenerweise als Studentin eine verstörende Erfahrung bei einer Prüfung gemacht habe, jedoch grundsätzlich über ein gesundes Selbstvertrauen in diesem Bereich verfüge, so kann ich, selbst wenn das Erlebnis schockierend für mich war, diese Situation vielleicht sogar durch nur eine Releasingsitzung bereinigen, sodass sie mich in Zukunft nicht belasten wird.

~ Vielleicht habe ich aber schon bei meiner Einschulungsuntersuchung die Erfahrung gemacht, dass meine Eltern von mir erwarten, dass ich dort mit Leichtigkeit brilliere, und die Dame vom Gesundheitsamt war möglicherweise unfreundlich oder ungeduldig.

Und wenn meine Eltern nach dieser Untersuchung deutlich enttäuscht von mir waren, dann kann ein Muster in mir entstehen, ein bestimmtes Selbstbild und spezifische Erwartungshaltungen. Daraus folgt ein Teufelskreis, der mich die ganze Jugend bis in mein Studium hinein begleitet. Ich glaube, ich bin zu dumm und unfähig und erhöhe damit dramatisch die Tendenz, dass mir genau dieses Selbstbild immer wieder bestätigt wird. Früh resigniere ich und habe keine Energie, mich anzustrengen, weil ich „es ja doch nicht schaffe". In diesem Fall gibt es gewissermaßen verschiedene Schichten von Ursachen und betreffenden Erfahrungen, die durch die Releasingarbeit manchmal über einen gewissen Zeitraum systematisch abgetragen werden müssen. Wer weiß, was für Bereiche im Leben dieser Person sonst noch von diesen Selbstbildern betroffen sind? Und wer weiß, ob es nicht vielleicht noch eine tiefere Ursache aus einem „vergangenen Leben" gibt, die diese ursprüngliche Erfahrung damals bei der Einschulungsuntersuchung überhaupt erst verursacht hat?

~ Für die letzte Ebene des Wirkungsspektrums von Releasing beziehe ich mich noch einmal auf den Aspekt der Lebensthemen, die ich im 4. Kapitel („Die Ebenen der Heilung") bereits ausgeführt habe und die auch mit der metaphysischen Dimension des Menschseins zu tun hat.

Bemühen wir noch einmal die Analogie zum Computer. Ein Computer besteht aus einer Hardware und er braucht Software, um überhaupt in Betrieb gehen zu können. Die Hardware ist das Gehäuse und alle Teile von Materie. Das wäre für mich hier im übertragenen Sinne unser physischer Körper. Wir werden aber auch mit einer Art von Software „geliefert". Das sind unsere seelischen und psychischen Strukturen und die gehören zu unserer Grundausstattung für dieses Leben. Die Software zu löschen bedeutet, auch den Inhalt und Sinn der Hardware zu löschen. Irgendwann, wenn der Aspekt in uns, der dafür zuständig ist, beschließt, „es ist Zeit nach Hause zu gehen", kommt der Moment, wo sich die Software auflöst und wir wieder in der Einheit mit dem Sein verschmelzen. Solange wir noch nicht an diesem Punkt angelangt sind, gehört die Software zum ganzen Paket, das wir sind, dazu. Wenn es jetzt psychische Strukturen oder Fixierungen aus diesem

Bereich gibt, die uns stören in unseren Beziehungen, in unserem Selbstausdruck, dann kann Releasing helfen, die Identifikation mit diesen Anteilen von uns zu lockern. Selbst langjährige spirituelle Wahrheitssucher wie zum Beispiel Ram Dass – ehemaliger Harvard-Professor für Psychologie, sagt von sich selbst, dass er in allen Jahren seiner spirituellen Suche mit Hilfe der verschiedensten Techniken und Substanzen nicht eine seiner Neurosen losgeworden ist. Was sich jedoch wesentlich verändert hat, ist eine viel entspanntere Haltung sich selbst und dem Leben gegenüber.

Natürlich sind auch hier die Übergänge fließend. Vielleicht entpuppt sich ein Teil, von dem wir immer dachten, das bin ich, doch als eine tiefe und alte Erfahrung, die sich durch die innere Arbeit auflöst, und umgekehrt werden wir uns vielleicht mit einem lästigen Anteil von uns, den wir mal auf die Schnelle loswerden wollten, auf Dauer anfreunden müssen. Allgemein kann man sagen, je tiefer innere Themen und Blockaden mit unseren psychischen und seelischen Grundstrukturen verbunden sind, desto hartnäckiger und langlebiger sind sie. Und gleichzeitig kann Releasing auf allen Ebenen positive Veränderung bewirken, entweder tatsächlich in Form von endgültiger Lösung oder aber im Sinne von stetig wachsender Entspannung und Gelassenheit sich selbst und dem Leben gegenüber.

6. Kapitel
Im Körper sein

Um ein erfülltes Leben zu leben, gesund zu sein, uns energievoll und wohl zu fühlen, brauchen wir einen guten Kontakt und eine freundschaftliche Beziehung zu unserem physischen Körper.

Vor allem als Frau sind wir auf besondere Weise mit unserer Körperlichkeit verbunden. Durch die biologischen Vorgänge von Menstruationszyklen, Schwangerschaft, Geburt und der Menopause reagiert und interagiert unser Körper intensiv mit dem Leben und den Kreisläufen der Natur. Wenn wir uns „in unserer Haut wohl fühlen", können wir uns entspannen, und Entspannung ist der Grundmodus, in dem weibliche Energie fließen und erblühen kann.

Für manche Frauen mag das ihre natürliche Erfahrung sein, aber für den Großteil der Frauen und Menschen im Allgemeinen ist die Erfahrung der Körperlichkeit zumindest ambivalent. Woran liegt das? Viele verschiedene Faktoren tragen zu unserem Körpergefühl bei und auch hier gibt es individuelle Faktoren sowie solche, die aus dem kollektiven Bewusstsein gespeist sind.

Die kollektive und historische Ebene

Betrachten wir zunächst einmal die gesellschaftlichen Werte und historischen Entwicklungen von Körperwahrnehmung der westlichen, christlich orientierten Welt. Der Körper galt lange Zeit als eine Manifestation der Sünde und des Ungemachs. Viele religiöse Organisationen haben propagiert, man müsse den Körper überwinden, um die Vereinigung mit dem Göttlichen zu erreichen. All diese Religionen richten ihre Aufmerksamkeit bis heute auf das

Jenseits. Im Jenseits liegt die eigentliche Erfüllung, und man muss bestimmte Voraussetzungen erfüllen, um dort an einen guten Platz zu kommen, wenn man den Körper verlässt. In den christlichen Religionen gibt es außerdem schlimme Drohungen über das, was mit einem geschieht, wenn man sich nicht an die Regeln hält, solange man in einem Körper lebt. Aus diesen Konzepten heraus hat sich eine starke Körperfeindlichkeit entwickelt. Menschen im Mittelalter haben sich zum Beispiel öffentlich kasteit, in dem Glauben, Gott auf diese Weise gnädig stimmen zu können.

Die sinnliche, körperliche Energie war die „Versuchung", die es zu überwinden galt – man wollte ja schließlich nicht so sein und so enden wie Eva zu ihrer Zeit ...

Auch wenn wir heute natürlich kollektiv an einem anderen Punkt stehen, wirken diese Programmierungen in uns nach. Für viele Menschen sind Sexualität und Sinnlichkeit auch heute noch schwierige Themen. Besonders Frauen sind leider noch viel zu oft vom ekstatischen Potenzial ihres Körpers abgespalten und fühlen sich häufig von ihrem Partner eher bedrängt und belästigt, anstatt die körperliche Liebe zu zelebrieren und zu genießen. Wir haben dieses ekstatische Potential über viele Jahrhunderte systematisch ausgemerzt und leben dadurch vielfach in einem Zustand der Selbstentfremdung.

Vordergründig wirkt es so, als wären wir in der heutigen Zeit befreit und aufgeklärt. Nackte Körper lachen uns von jedem Werbeplakat an. Sexualität wird offen diskutiert. Wenn man jedoch hinter diese aufgeklärte Fassade schaut, kann man sehen, dass der Körper zu einer Maske geworden ist, hinter dem sich der Mensch mit seiner Verletzlichkeit versteckt. Diese Maske wird auf immer wahnsinnigere Weise aufgepeppt. Nur das Perfekte zählt. Menschen sind zu unglaublichen Grausamkeiten ihrem Körper gegenüber fähig, nur um diesem Status quo der Perfektion gerecht zu werden.

Es sind zwei Seiten einer Medaille. Vorher wurde der Körper abgewertet und gequält, jetzt wird er überbewertet und gequält. Es herrscht offensichtlich einige Verwirrung in Bezug auf

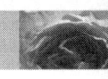

die Bedeutung des Körpers für unser Leben. Woher kommt diese Verwirrung? Das große „Problem" dabei ist, dass unser Körper ja erwiesenermaßen endlich und sterblich ist. Und gleichzeitig hat so viel von dem, was wir in diesem Leben erfahren oder wofür wir uns halten, mit dem Körper zu tun. Das ist natürlich beängstigend.

Religion will eine Art von Ausblick und damit Trost geben über das, was kommt, wenn dieser Körper nicht mehr ist. Die wenigsten von uns wissen, was nach dem Tod kommt, bevor wir es nicht am eigenen Leib erfahren. In der Vergangenheit hat die Religion die Angst vor dem Tod sowie die großen, unkontrollierbaren und beängstigenden Bewegungen der Natur häufig genutzt, um Macht zu etablieren und auszuüben. In der Behauptung, zu wissen, was kommt und vor allem, dass es dabei die Möglichkeit der ganz großen Bestrafung (Hölle) gibt, wurden existenzielle Abhängigkeiten geschaffen. Es wurden lange Listen von Regeln erlassen, an die sich der Mensch zu halten hatte, um Sicherheit zu gewinnen und der ultimativen Strafe – der Hölle – zu entgehen. Wir sprechen hier immerhin von nichts Geringerem als der Ewigkeit. Ganz oben auf der Liste standen die Regeln, die mit der sündhaften Natur des menschlichen Körpers zu tun hatten.

Ein Mensch, der sich selbst, seinen Körper und seine Mitmenschen beargwöhnt und ablehnt, hat wesentlich weniger Lebensfreude, Kraft und Macht als der, der sich selbst und das Leben in seiner ganzen Fülle liebt. Auf diese Weise wurden ganze Generationen von Menschen klein gehalten.

Auf der anderen Seite hat der Mensch ein natürliches Streben und eine tiefe Sehnsucht, Zugang zur transpersonalen Ebene des Seins zu entwickeln. Wir sind mit Sicherheit mehr als ausschließlich dieser physische Körper. Die Aura-Fotografie ist nur ein Beispiel dafür, wie man inzwischen sogar sichtbar machen kann, dass wir mehr als nur diese Hülle sind, die man mit dem bloßen Auge sieht. Auch gibt es inzwischen eine Vielzahl an Berichten über Nahtoderfahrungen von Menschen, die klinisch tot waren und noch einmal in ihren Körper zurückgekommen sind.*[32] Man kann also davon ausgehen, dass diese Sehnsucht auch nicht einfach nur ein Ausdruck der Angst vor dem Tode ist.

Die Emanzipation aus den alten Machtstrukturen der Kirche hat in der Gesellschaft, neben dem Aspekt der Befreiung, eine tiefe Verunsicherung verursacht und, wie es mit einseitigen Bewegungen so ist, lösen sie zunächst eine starke Gegenbewegung aus. Das bedeutet, die intensive Körperfeindlichkeit der Vergangenheit führt zunächst einmal zu einer ausgleichenden Extrembewegung von Körperkult.

Die allgemeine Verunsicherung hingegen wirkt sich zum Teil folgendermaßen aus: Sinnvolle menschliche Werte, die stark mit der Religion verknüpft waren (zum Beispiel in Form von Geboten), wurden vielfach wie das Kind mit dem Bade ausgeschüttet. Jeder ist sich heute selbst der Nächste. Das ist ja auch bis zu einem gewissen Grad eine Tatsache und normal. Aber was geschieht mit den Menschen, die nicht mehr aktiv und attraktiv am Leben teilnehmen können? Früher war es selbstverständlich (natürlich auch in Ermangelung von Alternativen), dass die alten Menschen ihren Platz im Leben hatten, im Kreise ihrer Familien. Dort hatten sie im Rahmen ihrer Möglichkeiten Aufgaben und konnten auf diese Weise weiterhin am gemeinschaftlichen Leben teilhaben und etwas dazu beitragen. Heute brechen immer mehr Familien auseinander, und alte Menschen werden in Pflegeheime abgeschoben, wo sie oft jahrelang vor sich hinvegetieren und auf den Tod warten müssen.

Dies ist kein Plädoyer und eindringlicher moralischer Aufruf, die alten Werte wieder anzunehmen und auf die alte Weise auszufüllen. Es geht darum, aufzuzeigen, dass die Verwirrung, die um unsere Körper herum entstanden ist, eine sehr große und existenzielle Tragweite hat. Die unglaublich schnelle Veränderung der Werte und Lebensbedingungen der vergangenen Jahrzehnte haben auf der einen Seite zu einer erheblich größeren Freiheit geführt. Und das ist eine wichtige evolutionäre Entwicklung. Aber es stehen dadurch auch viele neue Fragen im Raum, die eine große Herausforderung darstellen, will man sie im Einklang mit dem Tempo unserer Zeit beantworten.

Viele Menschen kommen heutzutage zu folgender Schlussfolgerung: Wenn das ganze religiöse Glaubensgebilde vielleicht

doch nicht wahr ist, dann ist das Einzige, was mir bleibt, die Realität meines Körpers. Somit wird der Körper zur einzigen und wahren Realität erhoben. Das ist natürlich ein echtes Problem, denn das Krankwerden, Altern und Sterben hat deshalb nicht aufgehört. Trotzdem versuchen die Menschen diese Tatsache, so lange es geht, zu ignorieren. Der Jugendwahn ist immer noch auf dem Vormarsch. Altern gilt als persönliche Beleidigung und auch als persönliches Versagen.

Es wird sicherlich noch eine Weile dauern, bis das Thema Körperlichkeit, allgemein gesellschaftlich betrachtet, einen ruhigen und ausgewogenen Platz in unserem Leben haben darf.

Wir dürfen unseren Körper lieben. Es ist sogar die einzig sinnvolle und angemessene Haltung. Ohne den Körper können wir diese aufregende, sinnliche Reise durch das Leben gar nicht antreten. Er verdient es, geachtet und gut behandelt zu werden. Wir dürfen ihn schmücken und ihm Gutes tun und das Beste aus ihm herausholen. Gleichzeitig ist es eine Tatsache, dass der Körper uns nur für eine begrenzte Zeit gegeben ist. Deshalb ist es hilfreich, dem Impuls zu folgen, der fragt: Und wer bin ich sonst noch außer diesem Körper? Was ist der Sinn des Lebens? Wofür bin ich hier? Wie kann ich so vollständig in diesem Körper leben, im Einklang mit meiner höchsten Wahrheit, dass ich am Ende das Gefühl habe, es hatte Sinn, und ich kann loslassen?

Körperliche Erfahrungen in den ersten Lebensjahren und -monaten

Wenn wir geboren werden, haben wir alle zunächst einmal eine Phase vor uns, in der wir vollkommen abhängig von der Pflege und Sensibilität unserer Eltern oder sonstiger primärer Pflegepersonen sind. Aber auch die sensibelsten Eltern können nicht jede unserer Regungen verstehen, sodass wir häufig mit Gefühlen von Frustration und Ausgeliefertsein konfrontiert sind.

Je größer die Sensibilität unserer Eltern sowie die Erfahrung, grundsätzlich gut versorgt und genährt zu sein, desto leichter fällt es uns, in unseren Körpern anzukommen und uns in diese Erfahrung hinein zu entspannen. Umgekehrt steigt die Unsicherheit in unserem Körper proportional zu der Erfahrung von Mangel und emotionaler Gleichgültigkeit oder Kälte, geschweige denn Gewalt.

Eine besondere Rolle spielt in dieser Lebensphase die Mutter oder die Person, die diese Rolle stellvertretend erfüllt. Wenn wir den Mutterleib verlassen, kommen wir aus der perfekten Symbiose in einen Zustand der vollkommenen Abhängigkeit. Aus dem Sein in der Einheit im Mutterleib lernen wir in den ersten Lebensmonaten die Beziehung von „Ich und Du" auf einer elementar-körperlichen Ebene und entwickeln darüber hinaus eine erste Grundprägung, die sich entweder als Urvertrauen oder Urmisstrauen manifestiert.

Vertrauen entwickelt sich durch die Erfahrung des Versorgt- und Genährtwerdens. Wenn ich weiß, ich werde genährt, gebadet und gewickelt, entsteht in mir das Gefühl: „Das Leben sorgt für mich. Ich kann mich entspannen." Erlebe ich überwiegend Hunger, Einsamkeit, wenig oder keine Reaktion auf meine Regungen, bildet sich die Überzeugung in mir, dass das Leben mich im Stich lässt, dass ich mich auf nichts und niemanden verlassen kann – dass ich allein bin und zurechtkommen muss.

Die moderne Gehirnforschung hat in den vergangenen Jahren bahnbrechende Entdeckungen zum Thema Spiegelneuronen*33 gemacht. Spiegelneuronen sind ein neuronales Netzwerk im Gehirn, die beobachtete Handlungen und Gefühle im Gehirn umsetzen, als ein Empfinden, diese Gefühle selbst zu erleben und die Erfahrungen selbst gemacht zu haben. Diese Neuronen sind von großer Bedeutung für das Lernen im Allgemeinen, besonders aber im Bereich von Mitgefühl, Sprache und Denken. Sie entwickeln sich im Laufe der ersten vier Lebensjahre. Danach ist die Sicht der Welt im Gehirn vorerst geprägt. Das Problem ist, dass diese Neuronen genutzt werden müssen, weil sie sonst verkümmern. Sie zu nutzen geschieht automatisch, wenn das Kleinkind Kontakt hat zu anderen Menschen und der ganzen Palette von Handlungen und Empfindungen, die diese Menschen zeigen. Auch deshalb ist Kontakt so wichtig für die Säuglinge und Kleinkinder. Es geht

dabei um einen fundamentalen Lernprozess in Bezug auf zwischenmenschliche Kommunikation.

Darüber hinaus wurde auch erforscht, dass die Interpretationen und Erwartungen an die Handlungen anderer Menschen durch individuelle Erfahrungen geprägt werden. Wenn ein Erwachsener die Hand hebt, um das Kind zu streicheln, so wird diese Erfahrung mit den entsprechenden Gefühlen im Gehirn verankert. Wenn sich die Hand dagegen hebt, um es zu schlagen, dann wird in Zukunft diese Geste im System immer Angst und Stress auslösen.

Die andere wesentliche Erfahrung in den ersten Lebensmonaten ist der Körperkontakt zur Mutter. Dies soll keine Abwertung der Rolle des Vaters oder sonstiger Pflegepersonen sein. Es ist nur mittlerweile bekannt, dass ein Baby sich an dem Ort besonders zu Hause fühlt, der sich so anmutet und riecht wie der Ort, von dem es kommt – also dem Mutterleib.*[34] Über den Körperkontakt mit der Mutter erleben wir einerseits ein inniges Gefühl des Geliebt- und Geborgenseins. Es hilft uns aber auch dabei, nach und nach ein Gefühl dafür zu entwickeln, wo mein Körper aufhört und der Körper meiner Mutter beginnt. Das heißt, der Körperkontakt ist sehr wichtig für die Orientierung im eigenen Körper sowie für die Wahrnehmung unserer Grenzen.

Zum Körperkontakt gehört auch der Blickkontakt. Besonders durch den Blickkontakt mit der Mutter in den ersten Stunden und Tagen unseres Lebens, entsteht die tiefe Verbindung zur Mutter oder der/den wichtigsten Pflegeperson/en, was auch „Bonding" genannt wird. Später fühlen wir uns auf der Ebene der Seele gesehen und wahrgenommen, wenn Mütter bzw. beide Eltern in der Lage sind, diesen tiefen Blickkontakt zuzulassen, der über das Betrachten der süßen kleinen Oberfläche hinausgeht. Diese Ebene besteht jenseits der momentanen Erfahrung des Körpers und dessen Entwicklungszustandes und erinnert uns an das, was bzw. wer wir – über die körperliche Ebene hinaus – sind.

Individuelle Geschichte und die Einstellung zum Körper

Es gibt unzählige individuelle Aspekte in unserem Leben, die darüber bestimmen, wie wir uns in unserem Körper fühlen. Welche Erfahrungen haben wir gemacht, als wir unseren Körper in Besitz nahmen? Haben wir das Gefühl, der Körper „gehorcht" uns? Fühlen wir uns beweglich und ermutigt oder ängstlich und frustriert? Das wird, neben den konkreten Erfahrungen, die wir auf ganz eigene Weise verarbeiten, auch immer von den Ängsten und Erwartungen unserer Eltern mitbestimmt. Wurden wir ermutigt, Grenzen zu überwinden, oder überwog die Angst unserer Eltern, es könnte uns etwas zustoßen? Wurden wir bei „Fehlschlägen" mit Liebe und Achtung behandelt oder bestraft oder gar ausgelacht?

Wie war das Körpergefühl der Eltern? Wie war die körperliche Beziehung der Eltern und wie wurde allgemein mit Körperlichkeit umgegangen? Es gibt Menschen, die nie die Erfahrung gemacht haben, von ihren Eltern umarmt und geherzt worden zu sein. In manchen Familien existiert bis heute eine große Schamhaftigkeit in Bezug auf den Körper. Es gibt Kinder, die ihre Eltern nie nackt gesehen haben.

Es sind aber nicht nur die konkreten Erfahrungen, die wir in und mit unserem Körper machen, die unser Körpergefühl bestimmen. Der Körper ist darüber hinaus auch Informationsträger seelischer und emotionaler Inhalte. Alle wichtigen und prägenden Gefühle und Erinnerungen lagern sich nicht nur in unserem Unterbewusstsein, sondern ganz konkret in unseren Körperzellen und Organen ab. Auf diese Weise reagiert der Körper auch auf nicht direkt körperliche Informationen und wird entsprechend beflügelt oder belastet, je nach der Qualität der gespeicherten Informationen.

Aus diesen Zusammenhängen ist unter anderem ein ganzes Fachgebiet der Psychiatrie entstanden – nämlich die Psychosomatik.*[35] Dieses Fachgebiet befasst sich mit den Zusammenhängen von körperlichen Krankheiten, die in ihrer Ursache zumindest teilweise psychisch begründet sind.

Es gibt klassische psychosomatische Krankheiten wie zum Beispiel Magengeschwüre, Asthma oder Rheuma. Und wie in allen Bereichen der Wissenschaft entwickeln sich die Erkenntnisse immer weiter. Letztendlich ist es wahrscheinlich müßig, eine strikte Trennung zwischen der psychischen und der somatischen Ebene zu machen, denn Erfahrungen, Gefühle und Krankheiten wirken sich immer auf den ganzen Menschen aus.

In medizinischen Systemen anderer Kulturen, wie etwa der tibetischen Medizin, gibt es sehr differenzierte Lehren darüber, wie sich bestimmte psychische Themen als energetische oder körperliche Störungen in bestimmten Organen niederschlagen.

Um den Zusammenhang zwischen dem Körper und der Psyche einmal zu erspüren, können Sie, wenn Sie möchten, kurz das folgende Experiment machen:

Übung:

Schließen Sie einen Moment die Augen (nachdem Sie die Anleitung gelesen haben) und erinnern sie sich an ein Erlebnis, das Sie bedrückt hat. Vielleicht ein Streit mit Ihrem Mann oder ein Missverständnis an Ihrem Arbeitsplatz. Wenn Sie sich einen Moment in diese Situation zurückversetzen, wo in Ihrem Körper können Sie das fühlen? Vielleicht gibt es einen Druck auf dem Magen oder dem Herzen, oder die Kehle wird eng und trocken. Möglicherweise meldet sich auch eine ganz andere Stelle in Ihrem Körper.

Dann atmen Sie einige Male bewusst ein und aus und stellen sich vor, wie Sie diese alte Erinnerung aus Ihrem System herausatmen. Sollte es Sie wider Erwarten noch einmal emotional erwischt haben, dann können Sie vielleicht kurz sagen: „Ich lasse los alle Auswirkungen von ..." was immer es in Ihrem Fall gewesen ist. Und dann vielleicht noch: „Ich lasse los meine Wut auf ..." oder „Ich lasse los das Gefühl, nicht gesehen zu werden" oder „Ich lasse los alle Schamgefühle" oder „Ich lasse los alle Gefühle der Ohnmacht und Hilflosigkeit."

Als Nächstes erinnern Sie sich an ein Ereignis, das ganz besonders schön für Sie war. Vielleicht die Erfahrung einer besonderen

Anerkennung oder die Begegnung mit einer großen Liebe oder ein spektakulärer Sonnenuntergang im vergangenen Sommerurlaub. Sehen Sie nicht nur das Bild oder erinnern ein Datum, sondern versetzen Sie sich mit Ihrem ganzen Fühlen in diese Situation zurück. Das Glück, die Begeisterung, das Staunen, die Stille, und dann nehmen Sie bewusst wahr, wo Sie das in Ihrem Körper spüren und wie sich das anfühlt.

So funktioniert das mit den psychosomatischen Zusammenhängen. Und wenn der Körper zu häufig durch negative Emotionen und Erfahrungen belastet wird, dann reagiert er auf der organischen Ebene mit eingeschränkter Funktion oder sogar mit Krankheit.

Diese prägenden Grunderfahrungen in den ersten Lebensmonaten sind für alle Menschen die gleichen.

Als Mädchen ist unsere Mutter in der Regel das erste und prägendste Vorbild in Bezug auf unsere Weiblichkeit. Diese Prägung beginnt bereits als Fötus im Mutterleib. Es gibt inzwischen zahlreiche Literatur und Untersuchungen, die diese Tatsache belegen.*[36] Nach der Geburt saugen wir, bildlich gesprochen, das Welt- und Frauenbild unserer Mutter mit der Muttermilch in uns auf. Es gibt noch keine mentalen Filter, mit denen wir die angebotene Informationen bewerten, annehmen oder verwerfen könnten. Wir können davon ausgehen, dass diese Prägungen in uns wirken, ob wir es wollen oder nicht. Deshalb ist es hilfreich, unsere Mutter zu kennen, um zu verstehen, warum wir so sind, wie wir sind. Mit diesem Verständnis sind wir dann in der Lage, bewusst neue Bilder und Entscheidungen in unserem Leben zu manifestieren.

Traditionell gibt es **zwei Grundstrategien**, wie wir mit dem verinnerlichten Mutterbild umgehen.

~ Entweder übernehmen wir es ungeprüft. Die gute Tochter, die das weiterlebt, was sie von der Mutter übernommen hat. Das muss weder schlecht noch falsch sein. Nur, solange wir in diesem Muster unbewusst bleiben, haben wir auch keine Wahl, es so zu machen, wie es uns wirklich entspricht und erfüllt. Viele Erfahrungen, die

wir in unserem Leben und in unseren Beziehungen machen, sind geprägt von dem, was und wie es unsere Mutter erfahren hat. Unsere Wahrnehmung ist darauf ausgerichtet, Erfahrungen, die wir machen, in die entsprechenden Schubladen unserer Prägungen einzusortieren.

Hier ein typisches Beispiel: Eine Frau macht immer wieder dieselben Erfahrungen mit den Männern. Sei es Untreue, Lieblosigkeit, mangelnder Respekt oder was immer es sein mag. Das Fazit, das dann gerne gezogen wird, ist: „Die Männer sind doch alle gleich." Ist irgendjemandem, der diesen Satz gesagt oder gedacht hat, jemals aufgefallen, dass die einzige Person, die in allen Beziehungen die Gleiche bleibt, sie selbst ist? Und wenn man dann tiefer schaut, kann man häufig erkennen, dass man eine Überzeugung der Mutter, die schon auf deren realen Erfahrungen beruhte (oder auch bereits übernommen wurde, von vorherigen Generationen), immer wieder neu belebt und bestätigt.

Es ist sehr schön zu erleben, was im eigenen Leben passieren kann, wenn diese Muster erkannt und aufgelöst werden.

~ Die andere Strategie ist, auf keinen Fall so werden zu wollen wie die eigene Mutter. Ein heroischer Vorsatz, der leider zum Scheitern verurteilt ist, solange er nicht aus einer bewussten inneren Auseinandersetzung und Klärung mit der Mutterbeziehung entstanden und gepaart ist mit innerem Frieden.

Allein der Vorsatz bewirkt zweierlei: Zum Einen werden die mütterlichen Prägungen noch weiter ins Unterbewusstsein verschoben und führen von dort aus eine Art Eigenleben. In Momenten, in denen wir gestresst oder geschwächt sind, brechen sie aus dem Untergrund hervor, und wir sind hinterher vollkommen fassungslos und bestürzt, wie DAS (was immer es war) passieren konnte. Oder wir nehmen nicht einmal mehr wahr, wie wir uns tatsächlich verhalten, und sind dann befremdet, wenn andere uns auf etwas aufmerksam machen, was wir doch niemals tun würden.

Darüber hinaus ist unser Unterbewusstsein permanent damit beschäftigt, gegen etwas in uns selbst zu kämpfen oder

es zu unterdrücken. Die ganze Energie, die wir für diesen Unterdrückungsmechanismus brauchen, steht uns dann nicht mehr für uns, unser Leben und unsere Kreativität zur Verfügung.

Die gute Nachricht ist, dass wir noch eine dritte Wahl haben:

~ So unangenehm es für die Eine oder Andere von Ihnen scheinen mag, ist der erste Schritt, anzuerkennen, woher ich komme und auch die Tatsache, dass ich durch die Person, die meine Mutter ist, geprägt wurde. Das ist etwas ganz Schicksalhaftes und hat immer einen tieferen Sinn, auch wenn wir diesen Sinn nicht immer erkennen können. Es geht nicht darum, erfahrene Verletzungen zu bagatellisieren oder gar unter den Tisch zu kehren. Es geht nicht einmal um den Anspruch, sich auf einer äußeren Ebene mit der Mutter zu versöhnen. Es geht darum, zu erkennen, wer ich bin. Wenn ich weiß, wer ich bin, wie ich ticke und funktioniere, kann ich bewusst neue Entscheidungen für mein Leben treffen und kann mich vor allem mit mir selbst versöhnen.

Mit den frühkindlichen Prägungen ist es fast so wie mit dem Körper, den wir haben. Wir können ihn akzeptieren und lieben, ihm guttun und fördern, oder wir sind damit beschäftigt, ihn zu hassen und uns über all die Mängel, die wir in ihm sehen, beklagen. Und eigentlich ist ziemlich schnell klar, unter welchen Bedingungen unser Körper erblüht und wir uns wohl und im Einklang mit ihm fühlen. Auch unseren Körper können wir verändern oder zumindest positiv unterstützen, wenn wir „Defekte" erkennen, anschauen und eine sinnvolle Maßnahme ergreifen – sei es über eine bewusste Ernährung, bestimmte Körperübungen, alternative Heilmethoden, Massagen und natürlich auch die Schulmedizin. So ist es auch mit unseren Prägungen. Sie wirken, solange Sie unbewusst bleiben, wie eine verselbstständigte Maschine, die unser Denken, Fühlen, Handeln, unsere Wahrnehmung und die Gefühle bestimmen und beeinflussen. Wir können sie uns jedoch bewusst machen. Dann haben wir die Wahl, ob wir das entsprechende Muster für gut befinden und weiterlaufen lassen möchten, oder ob wir die Programmierung lösen und durch neue Erfahrungen ersetzen wollen. Der Ausgangspunkt ist jedoch immer das, was ist, zu sehen und anzunehmen. Manche Muster werden uns

vielleicht ein Leben lang begleiten. Es steht uns frei, sie zu bekämpfen oder eine freundliche bewusste Haltung einzunehmen, die dazu beiträgt, eine gewisse hilfreiche Distanz zu unseren eigenen Mechanismen zu bekommen.

Die meisten unserer Mütter, wie schwierig und verschroben sie auch sein mögen, haben alle ihr Bestes gegeben in ihrer Rolle. Nur hatten viele von ihnen nicht die Möglichkeit, sich bewusst mit ihren inneren Strukturen auseinanderzusetzen und sich von überholten Vorstellungen und alten Verletzungen zu befreien.

Eines der größten Geschenke, die wir unseren eigenen Kindern machen können, ist bei uns selbst aufzuräumen, zu klären und zu heilen, was nötig ist, um uns erfüllt, frei und glücklich zu fühlen. Und natürlich gibt es überall auf der Welt viele wunderbare Mütter! Das soll an dieser Stelle auch einmal hervorgehoben werden.

Alte Seelenerinnerungen

So wie sich emotionale Themen aus unserem gegenwärtigen Leben in unserem Körper ablagern, so wirken auch alte, seelische Erfahrungen auf dessen Befindlichkeit. Das können körperliche Erfahrungen gewesen sein, aber auch emotionale Erinnerungen. Zum Beispiel kam eine Klientin zu mir, die zu starken Durchblutungsstörungen in den Händen neigte. In der Arbeit mit ihr kam ein Bild an die Oberfläche, die sie als Gefangene in einem Kerker zeigte. In diesem Bild waren ihre Handgelenke in Ketten gelegt. Diese Erinnerungen loszulassen, bewirkte, dass sich diese Durchblutungsstörungen vollkommen auflösten.

Auch psychosomatische sowie Somatisierungsstörungen oder Angststörungen können gelegentlich eine „karmische" Ursache haben. Eine Frau, die körperliche Panikreaktionen zeigte, sobald ihr damals zweijähriges Kind auch nur in die Nähe von offenen Gewässern kam, wurde diese Angstreaktionen spontan los, nachdem sie eine Erinnerung aus einem vergangen Leben losgelassen hatte, in welchem sie ein Kind durch Ertrinken verloren hatte.

All diese Faktoren tragen zur Befindlichkeit in unserem Körper bei. Und wie oben bereits erwähnt: Das Körperempfinden ist für alle Menschen essenziell, aber für uns Frauen auf besondere Weise. Wenn wir uns gut fühlen im Körper, fühlen wir uns gut im Leben. Wir spüren uns und unsere Weisheit. Wir fühlen, dass das Leben gut und lustvoll sein kann. Und aus diesem Grundgefühl heraus entwickelt sich auf selbstverständliche und natürliche Weise unsere kreative Kraft. Die weibliche Kreativität ist in ihrer Eigenschaft nicht so sehr linear. Sie erwächst aus einem Raum der Fülle und Entspannung und verbindet sich erst anschließend mit dem männlichen Pol in uns, der dann für lineare Umsetzung sorgt.

Wenn Sie möchten, haben Sie jetzt im Anschluss die Möglichkeit, mit **Releasingsätzen** zu experimentieren. Auch wenn ich natürlich im Rahmen dieses Buches nicht auf individuelle Biografien eingehen kann, so gibt es doch eine Fülle von Themen, die so etwas wie eine kollektive Wirkung haben.

Ich bin mir sicher, dass Sie wenigstens mit ein paar dieser Sätze auch persönlich etwas anfangen können. Haben Sie keine Angst, die Sätze auszusprechen. Es kann nichts Schlimmeres passieren, als dass sich eine Emotion mit dem Satz löst und Sie hinterher so etwas wie Erleichterung verspüren.

Vielleicht inspirieren Sie die Sätze dazu, auch eigene Formulierungen zu finden, die noch genauer Ihrer Biografie entsprechen. Wenn Sie die Wirkung der Sätze wirklich spüren und ergründen möchten, ist es hilfreich, sich vor dem Aussprechen eines Releasingsatzes bewusst mit sich selbst, den Themen und den damit assoziierten Gefühlen und Empfindungen zu verbinden. Am besten ist es, wenn Sie für diese Zeit ungestört sind. Es ist hilfreich, die Augen zu schließen oder ein paar tiefe Atemzüge zu nehmen, um einen möglichst nahen und authentischen Kontakt zu sich selbst zu bekommen. Atmen Sie im Vorfeld einige Male bewusst aus, um alle Erfahrungen und Gedanken aus Ihrem System zu entlassen, die Sie an diesem Tag bisher gehabt haben. Danach legen Sie die Aufmerksamkeit auf das Einatmen. Stellen Sie sich vor, Ihr Atem hätte einen Magnetismus, durch den Sie sich in Ihrem inneren Zentrum sammeln. Wenn Sie sich ein bisschen ängstlich

oder unsicher fühlen, ist es sehr unterstützend, sich vor diesem Prozess innerlich mit einer Form des „Höchsten Bewusstseins" zu verbinden, die Ihrem inneren Gefühl entspricht. Lassen Sie sich Zeit, die Form zu finden, die Sie gerne um Beistand bitten möchten. Zum Beispiel die kosmische Urkraft, göttliche Quelle oder vielleicht haben Sie einen Lehrer oder Meister, der diese Qualität für Sie verkörpert. Sie können sich auch immer mit der Liebe verbinden. Und dann bitten Sie um Schutz und Führung, in Ihren eigenen Worten.

Intermezzo:
Releasingsätze zum Thema „Im Körper sein"

~ Ich lasse los das alte Gefühl der Hilflosigkeit darüber, in einem physischen Körper zu sein.
~ Ich lasse los das Gefühl, dem Leben ausgeliefert zu sein, wenn ich in einem physischen Körper bin.
~ Ich lasse los allen Widerstand, in einem physischen Körper zu sein.
~ Ich lasse los das Gefühl aus den ersten Lebensjahren, nicht gesehen und verstanden zu werden.
~ Ich lasse los das Gefühl der Einsamkeit.
~ Ich lasse los alle Hilflosigkeit, Ohnmacht und Frustration über die Abhängigkeit meines Körpers als Baby und Kleinkind.
~ Ich lasse los das alte Gefühl, nicht willkommen zu sein.
~ Ich lasse los den alten Hass auf meinen Körper.

~ Ich lasse los den Mangel an Liebe und Zuwendung in meiner Kindheit.
~ Ich lasse los alle Traurigkeit darüber.
~ Ich lasse los die alte Überzeugung, dass ich nicht liebenswert bin.
~ Ich lasse los die Überzeugung, dass mein Körper nicht liebenswert ist.
~ Ich lasse los alle Gefühle von Scham und Selbstzweifel.

~ Ich lasse los alle Überidentifikation mit dem Schmerz meiner Mutter.

~ Ich lasse los das Programm meiner Mutter, dass das Leben hart, schwer und lieblos ist.

~ Ich lasse los das Programm meiner Mutter, dass ich als Frau unerfüllt bleiben werde.

~ Ich lasse los die Entscheidung, den Schmerz meiner Mutter zu tragen. Und ich bitte darum, dass alle Energien, die ich von ihr auf mich genommen habe, aus meinem Energiefeld gelöst werden.

~ Ich lasse los das Gefühl, dass es meine Schuld ist, wenn meiner Mutter alles zu viel ist.

~ Ich lasse los alle Entscheidung, meine Bedürfnisse zurückzuhalten, um meine Mutter nicht noch weiter zu überfordern.

~ Ich lasse los die Überzeugung, dass ich zu viel bin.

~ Ich lasse los alle alten Programmierungen darüber, was es bedeutet, in einem weiblichen Körper zu leben.

~ Ich lasse los die Auswirkungen davon, dass ich als Frau nicht die Freiheit hatte, mein Leben so zu gestalten, wie es mir entsprochen hätte.

~ Ich lasse los alle Wut und Resignation über meine Unfreiheit als Frau in allen betreffenden vergangenen Leben und auf der kollektiven Ebene.

~ Ich lasse los das alte Programm, dass ich als Frau nicht das Recht auf ein selbst bestimmtes Leben habe.

~ Ich lasse los das Programm, dass es meine ausschließliche Aufgabe als Frau ist, den Männern zu dienen.

~ Ich lasse los das alte Programm, dass ich als Frau schlecht und sündig bin und Bestrafung verdiene.

~ Ich lasse los das alte Misstrauen gegen mich selbst und meine Weiblichkeit.

~ Ich lasse los das alte Gefühl der Minderwertigkeit und Wertlosigkeit als Frau.

~ Ich lasse los alle Auswirkungen der Lieblosigkeit mir selbst und meinem Körper gegenüber aus allen betreffenden Leben und Situationen als Frau.

~ Ich lasse los die alte Notwendigkeit, mich zu schützen und zu verbergen mit meiner Weiblichkeit.

7. Kapitel
Im Leben stehen.
Die Beziehung zum Vater.
Selbstwert

Wie im vorherigen Kapitel besprochen, erlebt das Kind in den ersten Monaten seines Lebens eine intensive Prägungsphase, in der sich das Grundgefühl dem Leben gegenüber entwickelt. Wenn ich mich geliebt und willkommen sowie genährt und versorgt fühle, kann ich freudvoll sein, sowohl in meinem Körper wie auch im Leben selbst.

Die liebende und nährende Energie, die von unserer Mutter kommt, speist sich aus ihrem Herzchakra. Das Herzchakra einer Frau ist positiv geladen, das heißt, die Qualität von Liebe ist auf natürliche Weise gebend, fließend und sich verströmend. Für eine Frau, die gesund ist und in ihrer Kraft ruht, ist es eine natürliche innere Bewegung, sich mit der Liebe ihres Herzens ins Leben zu verströmen – besonders zu ihren Kindern. Das schließt natürlich die ganz normalen menschlichen Grenzen der Belastbarkeit mit ein. Wenn man wenig Schlaf bekommt, rund um die Uhr gefordert ist, darf man auch mit einem „intakten" Herzchakra erschöpft und am Ende sein und sich nicht mehr so ganz oder punktuell auch gar nicht liebevoll fühlen. Es geht hierbei auch weniger um das aktuelle Gefühl, sondern um den energetischen Fluss, der vom Herzchakra ausgeht.

Umgekehrt bedeutet es aber nicht, dass man, „nur" weil man eine Frau ist, sich automatisch darauf verlassen kann, dass die Sache mit dem Herzchakra ganz von allein funktioniert. Das tut sie, wenn das System der Frau grundsätzlich im Gleichgewicht ist. Darüber hinaus gibt es jedoch Biografien, die mit solch intensiven

Verletzungen verbunden sind, dass eine massive Blockade auf dem Herzen liegt, die grundsätzlicher Art ist und der inneren Arbeit bedarf, um sie aufzulösen. Dies zu unterscheiden ist eine lohnenswerte Aufgabe.

Nach dieser ersten Phase der Grundorientierung fängt das Kleinkind an, sich nach und nach der Welt zuzuwenden. Es entwickelt motorische Fähigkeiten, das Krabbeln und Laufen, die es ihm ermöglichen, in die Welt hinauszugehen.

An diesem Punkt in der Entwicklung kommt die Bedeutung des Vaters ins Spiel. Der Vater ist, im klassischen Familiensetting, die erste Begegnung mit dem Du. Während wir in der Beziehung mit der Mutter lernen mussten, wo sie aufhört und ich anfange, ist der Vater eine Person, die von vornherein als anders und eigenständig in unser Leben tritt. Und das sowohl in Bezug auf ihn als Person, wie auch für uns als Mädchen, auf sein Geschlecht. Das hat im Übrigen nichts damit zu tun, dass man sich mit seinem Vater von Anfang an gleich nah und vertraut fühlen kann.

Die positiven Pole eines Mannes, die für diese Entwicklungsphase eines Kindes von Bedeutung sind, sind das Wurzelchakra und das Halschakra. Im Wurzelchakra verbindet sich der Mann aktiv mit dem Leben. Hier ist er ein Vorbild für Aktivität und Tatkraft im Leben. Wenn er dort in seiner Kraft ruht, fühlen wir uns als Kind sicher und beschützt. Wir spüren instinktiv, ob wir uns dem Vater anvertrauen können. Das Halschakra hat einen direkten Bezug zur Entwicklung und zum Ausdruck unserer Persönlichkeit. So kann man sagen, dass wir vom Vater Eigenschaften lernen und übernehmen, die mit Lebenswillen, Tatkraft, Durchsetzungsvermögen und individueller persönlicher Präsenz zu tun haben. Aber auch mit Werten und Urteilen.

Während die Beziehung zur Mutter zu Beginn unseres Lebens mit der Qualität des Seins verbunden ist, hilft uns die Beziehung zu unserem Vater zu erkennen, wer wir als Person sind und was wir wollen – denn um das Leben ganz ergreifen zu können, müssen wir wissen, wer wir sind und was wir wollen.

Alles andere ergibt sich aus diesen beiden Parametern. Der Wille kann auf verschiedenen Ebenen zum Ausdruck kommen. Er kann sich zunächst einmal auf unsere persönlichen Bedürfnisse richten. Und das ist unser gutes Recht auf Erden. Das heißt, wir dürfen im Leben wünschen, was wir wollen, und unseren Teil tun, damit unser Leben in Fülle verläuft, so wie es unseren individuellen Vorstellungen entspricht. Der Wille kann uns darüber hinaus jedoch mit einem Bereich des Wollens verbinden, der in Kontakt mit unserem höheren Selbst lebt und wirkt. Das ist der Bereich, wo unsere tiefsten Herzenswünsche leben. Die Wünsche aus diesem Bereich haben zumeist etwas mit dem Beitrag zu tun, den wir für das Leben leisten wollen. Ihnen zu folgen, bringt ein Gefühl von Sinnhaftigkeit und Erfüllung mit sich.*[37]

Viele spirituelle und religiöse Wege und Traditionen lehren uns, dass man die Persönlichkeit oder das Ego transzendieren muss, um die Einheit mit dem Göttlichen zu erreichen. Und ich bin mir bewusst, dass es einige wenige Menschen auf der Erde gibt, die in ihrer seelischen Entwicklung so gereift sind, dass sie von Beginn ihrer Inkarnation die Ebene der Persönlichkeit übergehen können. Für den Normalsterblichen auf dem Weg ist die Persönlichkeit jedoch zunächst eine Notwendigkeit, so wie ein Computer eine Software braucht, um überhaupt seinen Sinn erfüllen zu können. Die Persönlichkeit ist unsere Software und wir brauchen sie für dieses Spiel des Lebens. Und, nebenbei bemerkt, kann man auch erst dann etwas transzendieren, wenn man es zuvor ganz ausgebildet hat.

Exkurs zum Dilemma des modernen Mannes

Viele Kinder erleben ihren Vater tendenziell entweder als schwach und wenig präsent oder lieblos, verhärtet und gleichgültig. Es ist in den vergangenen Jahrzehnten sehr viel zum Drama der Frauen bewegt und diskutiert worden. Die Aufarbeitung des männlichen Dramas hat daran gemessen gerade erst begonnen. Einmal abgesehen davon, dass es in der Menschheitsgeschichte immerzu große, grausame Kriege gegeben hat, kommen wir in den letzten 200 Jahren aus einer Phase besonders vernichtender Kriege. Der Erste und Zweite Weltkrieg im letzten Jahrhundert haben durch die technische Entwicklung zerstörerische Kräfte entwickelt wie nie zuvor in der Geschichte. Viele Männer wurden in diesen Kriegen existenziell traumatisiert.

Wenn man auf die deutschen Männer schaut, kommt die tiefe Verwirrung und Demütigung hinzu, die einerseits durch den zweifachen Verlust von Kriegen entstanden ist, aber besonders auch durch die ideologische Verblendung im Dritten Reich. Man hatte sich für groß, überlegen und rechtschaffen gehalten und musste auf einmal realisieren, dass man sich als Volk grausam, dumm und überheblich anderen Völkern gegenüber verhalten und ein unbeschreibliches Leid über diesen Planten gebracht hatte.

All diese Faktoren führen dazu, dass ein großer Teil der Männer dieser Kriegsgenerationen verwirrt und verwundet in ihren Lebensalltag zurückkehrten und verständlicherweise nicht in ihrer vollen männlichen Kraft und Präsenz leben konnten. Entweder waren sie offensichtlich gebrochen, oder sie verbargen ihre Wunden hinter einer verhärteten Fassade. Ganz abgesehen von dem Drama, welches dadurch entstand, wenn ein Mann oder Vater niemals aus dem Krieg zurückkehrte, weil er getötet wurde.

Die Männer dieser Generationen konnten kaum ein kraftvolles Vorbild für ihre Familien und Söhne sein. Die Söhne konnten sich nicht an ihren Vätern orientieren, konnten sie nicht achten, sodass auch sie nicht wirklich in Kontakt mit der originären männlichen Energie kommen konnten. Denn so wie eine Frau nur in ihre Kraft kommen kann, indem sie sich mit dem weiblichen Feld verbindet, das wesentlich durch ihre Mutter kommt, kann ein Mann nur dann kraftvoll in seiner Männlichkeit stehen, wenn er Kraft durch die Ahnenreihe seines Vaters und der Vorväter empfängt.

Diese Entwicklung und das Erwachen der Frauen auf dem Weg zurück in ihre Selbstbestimmung haben aber noch weitere Folgen für die Männer. Da wir im Ausklang eines patriarchalischen Zeitalters leben, scheinen die Kräfte klar verteilt und auch die Agenda, um die es geht. Die alten Machtstrukturen müssen überwunden

werden, und obwohl wir im Alltag alle zusammen immer noch nach männlichen Wertprinzipien leben, also zielgerichtet, erfolgsorientiert, linear, herrscht inzwischen doch ein allgemeiner (unbewusster) Konsens über die moralische Überlegenheit der weiblichen Werte. Besonders im Bereich von Bildung und Erziehung wird das sehr deutlich. Aggression wird schnell pathologisiert, es ist schwer, Konkurrenzsituationen zuzulassen, in denen Jungen sich messen und erproben können. Es fehlt an körperlichen Herausforderungen. Jungen „verweichlichen" in einem verweiblichten Feld.

Erschwerend kommt hinzu, dass viele Jungen aufgrund der klassischen Struktur der Kleinfamilie ohne anwesende männliche Bezugsperson in der weiblichen Energie ihrer Mütter aufwachsen: der Mann geht hinaus in die Welt und verdient das Geld, während die Frau zu Hause bleibt und sich um den Haushalt und die Kinder kümmert. Für die ersten Lebensjahre ist das auch weitgehend angemessen. Doch für jeden heranwachsenden Jungen kommt eine Zeit, in der er, um ganz Mann werden zu können, aus dem mütterlichen Bannkreis in den Raum des männlichen Feldes treten muss. Das ist ein großer initiatorischer Schritt für einen Jungen.

In Ermangelung der väterlichen/männlichen Präsenz bleiben viele junge Männer aber im Feld ihrer Mutter verhaftet. Dieses ist einerseits weich und bequem, andererseits aber fühlen sich die Jungen überflutet von der weiblichen Energie. Um überhaupt ein Gefühl von männlicher Identität zu entwickeln, schützen sie sich, indem sie sich verschließen. Die große Tragik in diesem Mechanismus liegt darin, dass ein solcher „Muttersohn" nie wirklich in der Lage sein wird, in seinem späteren Leben eine tiefe und intime Beziehung zu einer Frau aufzubauen, weil er in der alten Überforderung und Ambivalenz in Bezug auf die weibliche Übermacht seiner Mutter gefangen ist.

Das macht sie nicht wirklich angenehmer im Umgang. Viele Männer sind heutzutage komplizierter, empfindlicher und zickiger als manche Frau. Der Trugschluss, der häufig gezogen wird, ist, dass eben noch mehr soziale Kompetenzen erlernt werden müssen. Dabei wird übersehen, dass man den Jungen konsequent einen wesentlichen Anteil ihrer männlichen Natur verweigert.

Es kann natürlich nicht darum gehen, die alten Machtstrukturen zu re-etablieren, damit ein Mann sich endlich wieder gut und stark fühlt. Aber es könnte hilfreich sein, die alte Angst, die durch die verzerrte Form der Männlichkeit im Patriarchat entstanden ist, zu überwinden. Dann sind Männer und auch Frauen in der Lage, die urmännlichen Qualitäten zu würdigen und zu integrieren, sowohl in sich selbst als auch in der Gesellschaft.

Ein Schlüssel hierfür mag der Hinweis auf die Chakren sein. Das Wurzel-, Solarplexus- und Halschakra eines Mannes ist positiv geladen. Er verbindet sich aktiv mit dem Leben, er ist aktiv (und zum Teil aggressiv) im Umgang mit Kommunikation. Es liegt in der Natur seines Halschakras, Werte zu definieren und Urteile zu fällen. Das Herzchakra eines Mannes ist jedoch rezeptiv gepolt. Er ist in seinem Herzen von Natur aus empfänglich. Das Dilemma ist oft, dass ein Mann sein Herzchakra verschließt, um es vor Verletzlichkeit zu schützen und um vordergründigen Männlichkeitsvorstellungen, die aus dem Patriarchat geprägt sind, entsprechen zu können. Wenn es einem Mann jedoch gelingt, einerseits zu seiner Kraft und Aggression zu stehen und andererseits sein Herz offenzuhalten, auch im Angesicht seiner Verletzlichkeit, so wird er ein wahrer Krieger, der respektiert und geliebt wird von den Menschen, die ihn umgeben.

Mögliche Ursachen, die uns daran hindern, voll im Leben zu stehen

Auch in Bezug auf mögliche Blockaden, die uns daran hindern, ganz präsent und freudvoll im Leben zu stehen, sind die Ursachen mannigfaltig.

Ich werde mich im Laufe des Buches immer wieder auf ähnliche Weise in den Kategorien von Ursachen wiederholen, aber die konkreten Inhalte unterscheiden sich und können jedes Mal einen Anreiz zur Selbstbetrachtung und zum Verständnis geben.

1. Die individuelle Kindheitsgeschichte

Auch wenn es beim Thema „Im Leben stehen" viel um die klassischen männlichen Attribute geht, so ist zunächst die Grundlage im Sein notwendig, um sich überhaupt im Leben aufrichten zu können. Wenn ich immer Angst um meine Existenz habe oder auf das Schlimmste gefasst bin, dann komme ich gar nicht dazu, mich damit zu befassen, wer ich bin und was ich will. So kann eine Störung in der ersten Entwicklungsphase, in der es darum ging, Urvertrauen ins Leben zu bilden, dazu führen, dass ich das Leben nicht ergreifen kann. Es entsteht ein Gefühl, vom Leben umhergestoßen zu werden, ohne jemals Boden unter den Füßen zu haben. Auf diese Weise bin ich mehr damit beschäftigt, zu reagieren, als zu agieren und zu kreieren.

Der Vater ist sowohl eine individuelle Person mit einer individuellen Geschichte als auch Träger von kollektiven Strukturen. Es hängt also von der Person, der Geschichte und der Bewusstheit unseres Vaters ab, wie wir ihn als Spiegel in diesem Prozess erleben. War er ermutigend und liebevoll? War er weise in seinen Urteilen oder rigide und verachtend? Konnte er Gefühle zulassen? War er präsent in seinem Körper? War er präsent im Kontakt mit mir und anderen Menschen? Hatte er Lust und Zeit, sich mit Ihnen als Kind zu befassen? Hatte er eine natürliche Autorität? Oder musste er immer arbeiten und durfte nicht gestört werden und musste andere Menschen erniedrigen, um ein Gefühl von Macht zu demonstrieren?

Haben sich Ihre Eltern früh getrennt und Sie lebten in einem ständigen Loyalitätskonflikt, indem Sie das Gefühl hatten, Ihren Vater nicht lieben und bewundern zu dürfen, weil sie sonst Ihrer Mutter untreu gewesen wären und umgekehrt?

Wir haben als Kind ein natürliches Bedürfnis, uns unserem Vater anzuvertrauen. Im Zweifelsfall suchen wir die Schuld bei uns selbst, wenn unser Vater sich als nicht vertrauenswürdig erweist.

Es entsteht eine große innere Zerrissenheit, wenn eine Kluft zwischen unserem Bedürfnis, zu vertrauen, und der Realität der nicht Vertrauenswürdigkeit unseres Vaters deutlich wird. Wenn ein Vater beispielsweise sehr gewalttätig oder sexuell grenzüberschreitend ist, kann der innere Konflikt zwischen Bedürfnis und Wirklichkeit so groß werden, dass die Psyche damit überfordert ist, es zu integrieren. So kann es zu schwerwiegenden psychischen, oder psychosomatischen Krankheiten kommen, die häufig auch erst im späteren Leben deutlich werden.

2. Die kollektive Ebene

Zur kollektiven Ebene gehören ganz sicher die Entwicklung des Patriarchats und die Werte, die wir aus diesem System übernommen haben.

Einerseits steht da die Überlegenheit des Mannes, die im kollektiven Bewusstsein der Frauen alte Gefühle von Minderwertigkeit hinterlassen hat, sowie Groll, Wut und Bitterkeit über die eingeschränkten Möglichkeiten, sich zu entfalten. Dazu kommen tief verwurzelte Konkurrenzmuster zwischen den Frauen um die Gunst der Männer. In den dunkelsten Zeiten des Patriarchats war es nur sehr wenigen Frauen vergönnt, ein materiell unabhängiges Leben zu führen. Und auch schon damals gab es ständig Kriege, die immer wieder zur Dezimierung der männlichen Bevölkerung führten. Da Frauen zumeist von männlicher Versorgung abhängig waren, entstand eine immense Konkurrenzsituation untereinander.[*38] Es ist teilweise erschreckend, welche Formen das angenommen hat und wie besonders grausam Frauen zu anderen Frauen sein können – bis heute übrigens.

Nur der Vollständigkeit halber möchte ich erwähnen: Das System des Patriarchats hat maßgeblich dazu beigetragen, dass Männer häufig so sehr von der empfänglichen Qualität ihres Herzchakras abgespalten sind. Die Arroganz und Überheblichkeit, besser zu sein, gepaart mit der Angst, den Erwartungen an die Überlegenheit nicht zu entsprechen, führte zu einer Haltung, die sich ausgesprochen hemmend auf den freien Fluss des Herzen ausgewirkt hat.

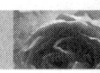

3. Die individuelle Seelenebene

Ich hatte einmal eine Klientin, die eine sehr männliche Aus-strahlung hatte und offensichtlich Schwierigkeiten, sich mit den Qualitäten und Freuden der Weiblichkeit anzufreunden. In einer Releasingsitzung wurde deutlich, dass sie in einem vergangenen Leben als Mann im Patriarchat sehr stolz auf ihren männlichen Körper, ihre Unabhängigkeit und Kraft gewesen war. Sie schaute damals mit Verachtung auf die Frauen und war ihrem Schicksal immer dankbar, als Mann geboren worden zu sein. Sie hatte die ganzen Bilder über Frauen verinnerlicht in Bezug auf Minderwer-tigkeit, mangelnde Intelligenz, Schwäche, Abhängigkeit usw. Für diese Seele war es sehr schwer, jetzt selbst in einem weiblichen Körper zu leben. Wir konnten jedoch in der gemeinsamen Arbeit die alten Bilder und Programmierungen auflösen, und diese Frau hat sich seitdem sehr mit ihrer Weiblichkeit versöhnt.

Umgekehrt gibt es viele Menschen, Männer wie Frauen, die in der hohen Zeit des Patriarchats als Frau verkörpert waren und voller Wut, Angst, Groll und Bitterkeit stecken. Auch hier lohnt es sich, die alten Erfahrungen und die damit verbundenen Gefühle und Überzeugungen loszulassen.

Ebenso verhält es sich mit Erfahrungen aus dem Matriarchat. Wie ich im ersten Teil dieses Buches bereits beschrieben habe, hat es in der Menschheitsgeschichte auch matriarchalische Ge-sellschaftsformen gegeben, die ein Pendant zum Patriarchat un-serer Zeit oder der jüngeren Geschichte darstellten, nur mit um-gekehrten Vorzeichen. Hier waren die Frauen an der Macht, und Männer hatten unter diesem System stark zu leiden.

Nur weil Sie in diesem Leben eine Frau oder ein Mann sind, bedeutet das nicht, dass das immer so war. Es ist im Gegenteil ziemlich sicher, dass jeder Mensch viele Erfahrungen in beiden Geschlechtern gemacht hat. So kann es auch unterschiedlich sein, wie sich kollektive Informationen auf Sie persönlich auswirken.

Wer im Patriarchat oder Matriarchat auf der „Täterseite" stand, hat oft ein Problem damit, die Liebe des damals unterdrückten

Geschlechts anzunehmen. Entweder aus Angst vor Rache oder auch aus Gefühlen von Schuld und Scham. Immer wieder taucht in meiner Arbeit die tiefe Identifikation mit dem alten Geschlechterkampf auf. Es ist schön, mitzuerleben, wie sich Frauen infolge der inneren Arbeit entspannen, sich öffnen und plötzlich neue und heilsame Erfahrungen mit den Männern machen, die ihnen im Leben begegnen.

Intermezzo:
Releasingsätze zum Thema „Im Leben stehen"

~ Ich lasse los alle Angst und Überforderung dem Leben gegenüber.
~ Ich lasse los das Gefühl, dass das Leben feindlich und gefährlich ist.
~ Ich lasse los alle Notwendigkeit, immer auf der Hut zu sein.
~ Ich lasse los alle Angst davor, mich zu zeigen.
~ Ich lasse los das Gefühl, falsch zu sein, so wie ich bin.
~ Ich lasse los die Angst und die Erwartung, dass ich bestraft und zurückgewiesen werde, wenn ich mich zeige, so wie ich bin.

~ Ich lasse los das Gefühl, meinem Vater nicht zu genügen.
~ Ich lasse los das Gefühl, ihn enttäuscht zu haben.
~ Ich lasse los alle Gefühle der Wertlosigkeit und das Gefühl, versagt zu haben.
~ Ich lasse los, den Rückzug meines Vaters persönlich zu nehmen.
~ Ich lasse los das alte Gefühl, dass mein Vater mich nicht liebt.
~ Ich lasse los die alte Notwendigkeit, mir meinen Wert durch Leistung zu erarbeiten.
~ Ich lasse los den alten Kampf um die Anerkennung meines Vaters.
~ Ich lasse los alle Unzufriedenheit mit mir selbst.
~ Ich lasse los die Notwendigkeit, mich immer weiter anzutreiben.
~ Ich lasse los alle Auswirkungen von meinem Vater (oder beiden Eltern) beschämt und bloßgestellt worden zu sein, wenn ich einen Fehler gemacht habe.

~ Ich lasse los die Auswirkungen, für Fehler bestraft worden zu sein.

~ Ich lasse los alle Angst davor, Fehler zu machen.

~ Ich lasse los alle Gefühle von Scham und Selbstverunsicherung.

~ Ich lasse los die alte Angst vor meinem Vater.

~ Ich lasse los alle Auswirkungen seiner Gewalt gegen mich.

~ Ich lasse los den Schock in meinen Körperzellen über die Gewalterfahrungen, die ich gemacht habe.

~ Ich lasse los alle Entscheidungen, unsichtbar zu sein, um die Aufmerksamkeit meines Vaters nicht auf mich zu ziehen.

~ Ich lasse los das Programm und den Glauben, dass alle Männer gefährlich und gewalttätig sind.

~ Ich lasse los das Gefühl und die Überzeugung, dass ich meiner Mutter untreu bin, wenn ich meinen Vater liebe und bewundere.

~ Ich lasse los alle Auswirkungen der Trennung meiner Eltern und den Loyalitätskonflikt, der dadurch entstanden ist.

~ Ich lasse los das Gefühl, dass ich mich entscheiden muss zwischen meinen Eltern.

~ Ich lasse los alle Gefühle der Traurigkeit und Überforderung darüber.

~ Und ich anerkenne jetzt, dass ich das Recht habe, beide Eltern zu lieben, auch wenn sie sich getrennt haben.

~ Ich lasse los die alte Bitterkeit in meiner Seele, darüber, in einem weiblichen Körper zu sein.

~ Ich lasse los das Programm vom Patriarchat, dass eine Frau schlecht, dumm und minderwertig ist.

~ Ich lasse los den Glauben, dass ich als Frau weniger wert bin.

~ Ich lasse los das Programm, dass es meine Pflicht als Frau ist, dem Mann zu dienen und dass Gott das so will.

~ Ich lasse los die Auswirkungen davon, dass ich als Frau nicht für mich selbst sorgen konnte im Patriarchat.

~ Ich lasse los die existenzielle Erfahrung der materiellen Abhängigkeit von den Männern.

~ Ich lasse los die Angst, verlassen und verstoßen zu werden.

~ Ich lasse los alle Programmierungen aus dem Patriarchat, dass ich als Frau weder das Recht noch die Fähigkeit habe, mich individuell kreativ auszudrücken.

~ Ich lasse los alle Auswirkungen davon, dass mein Leben und meine Existenz bedroht waren, wenn ich es trotzdem getan habe.

~ Ich lasse los alle Gefühle der Resignation und Bitterkeit als Frau.

~ Ich lasse los den alten Hass auf mich selbst und auf meinen Körper als Frau im Patriarchat.

~ Ich lasse los alle Konkurrenz mit anderen Frauen.

~ Ich lasse los die Angst, dass andere Frauen meine Existenz bedrohen, wenn Sie bei den Männern Anklang finden.

~ Ich lasse los meine Wut, meinen Groll und meine Bitterkeit über die lieblose Behandlung meines Körpers als Frau im Patriarchat.

~ Ich lasse los alle Identifikation mit dem kollektiven Schmerz im Feld der Frauen.

~ Ich lasse los den alten Stolz und die Überheblichkeit den Frauen gegenüber als Mann im Patriarchat.

~ Ich lasse los die Überzeugung, dass ich als Mann die Frauen behandeln kann, wie es mir gefällt.

~ Ich lasse los das alte Programm des Matriarchats, dass die Männer den Frauen dienen müssen.

~ Ich lasse los die alte Überheblichkeit den Männern gegenüber aus dem Matriarchat.

~ Ich lasse los alle Selbstverurteilung und Selbstbestrafung darüber, wie ich auf die Männer geschaut habe.

~ Ich lasse los das Gefühl, die Liebe der Männer nicht mehr zu verdienen.

~ Ich lasse los alle Angst und Erwartung, bestraft zu werden, wenn ich mich den Männern gegenüber öffne.

~ Ich lasse los das Programm des Matriarchats und des Patriarchats, dass es männliche und weibliche Seelen gibt, die sich immer bekämpfen werden.

~ Ich lasse los alle Hoffnungslosigkeit und Resignation darüber.

~ Ich lasse los die alte Notwendigkeit, mich vor dem jeweils anderen Geschlecht zu schützen.

~ Ich lasse los alle Angst, die Kontrolle zu verlieren, wenn ich mein Herz öffne.

8. Kapitel
Die Vagina, das Tor zur Fülle

Diese Überschrift ist sicherlich für einige von Ihnen eine provokante Aussage, zumal es viele Frauen gibt, die genau das Gegenteil von Fülle erleben oder assoziieren, wenn Sie in Kontakt mit ihrer Vagina gehen.

Wie bereits erwähnt, steht die Vagina direkt mit unserem Wurzelchakra in Verbindung. Unser Wurzelchakra ist die existenzielle und energetische Grundverbindung, die wir mit dem irdischen Leben haben. Darüber hinaus ist das Wurzelchakra einer Frau rezeptiv gepolt. Wir nehmen die Verbindung mit dem Leben auf dieser grundlegenden Ebene als Empfangende in uns auf.

Wenn unsere Vagina frei ist und im Fluss ihrer natürlichen Polung, machen wir als Frau die Erfahrung, genährt und versorgt zu sein. Unser natürlicher Magnetismus zieht automatisch das an, was wir im Leben brauchen. Diese Erfahrung von Fülle ermöglicht es dem weiblichen System, zu entspannen. Und wenn unser System entspannt ist, kann die weibliche Energie in uns fließen und erblühen. Dann fühlen wir uns heiter, genährt, liebevoll, sinnlich und kreativ. Der kreative Prozess in einem weiblichen System entsteht und entwickelt sich aus diesem entspannten Raum heraus. Ein kreativer Prozess erfordert zunächst einen Raum, in dem etwas entstehen kann. Das zweite wesentliche Element ist der initiale aktive Impuls, damit überhaupt etwas Konkretes entstehen kann. Ich benötige einen Wunsch, eine Idee oder Vision. Bis zur Vollendung des kreativen Prozesses braucht es Zeit, Geduld und Pflege, damit das kreative Produkt ganz „ausgereift" ist. Der Raum, in dem ein kreativer Prozess stattfindet, und der Reifungsaspekt in diesem gesamten Vorgang ist der weiblichen Energie zugeordnet. Die initiale Kraft kommt aus dem Bereich der männlichen Energie. Ich möchte daran erinnern, dass wir als Frauen

ebenfalls eine ganze Menge männlicher Energie in uns tragen, und wer etwas erschaffen möchte, egal ob Mann oder Frau, muss alle eben genannten Aspekte und Phasen in den kreativen Prozess mit einbeziehen. Durch das Übergewicht an weiblicher Energie bei einer Frau ist es für den kreativen Prozess jedoch äußerst hilfreich und fruchtbar, wenn er auf einem weiten und entspannten Raum basiert. Es geht zunächst also eher um ein Raumgeben als um einen konkreten, aktiven, schöpferischen Akt, zumindest im Ursprung des kreativen Prozesses. Und – wie gesagt, muss auch eine Frau an irgendeinem Punkt aktiv werden und handeln, damit sich Kreativität manifestieren kann.

In Bezug auf das Thema Vagina haben sich im Laufe meiner Arbeit mit Frauen verschiedene Themen herauskristallisiert, auf die ich nun eingehen werde:

Die Verbindung der personalen mit der transpersonalen Ebene

Die Vagina trägt in mehrerlei Hinsicht schöpferisches Potenzial in sich.

Auf der physischen Ebene kann man das leicht nachvollziehen. Gemeinsam mit der Gebärmutter und den Eierstöcken ist die Vagina das Tor, durch das neues Leben entstehen kann. Empfängnis, Schwangerschaft und Geburt sind jedoch nicht ausschließlich physische oder biologische Vorgänge. Durch eine Schwangerschaft entsteht nicht nur eine physische Verbindung mit einem neuen Menschenkörper, sondern es wirken darüber hinaus starke schicksalshafte Kräfte, die sich essenziell mit dem Sinn und dem Weg unseres Lebens verbinden. Wer je ein Kind geboren hat, weiß, dass das Leben nie wieder so sein wird wie vorher. Es treten Kräfte in unser Leben, die häufig größer sind als alle Pläne und Ideen, die wir von unserem Leben hatten. Prioritäten verschieben sich automatisch, und die Persönlichkeit des Kindes, welches wir geboren haben, wirkt sich unmittelbar auf unser Leben aus. Das heißt, die körperliche Ebene ist an diesem Punkt auf besondere Weise mit der Seelen- wie auch Schicksalsebene verbunden.

Die Vagina ist außerdem der Kanal ins Leben hinein, und das ist die Gegenbewegung zum Sterbeprozess, wenn die Seele den Körper und die irdische Ebene wieder verlässt. So hat die Vagina auch mit den ganz großen Zyklen des Werdens und Vergehens zu tun. Der Tod begleitet uns an diesem Punkt aber auch aus dem kollektiven Feld heraus. Eine Geburt ist bis in die heutige Zeit hinein eine Initiation und Grenzerfahrung für eine Frau. Heutzutage ist, zumindest in den technologisierten Ländern, mit hoher Wahrscheinlichkeit gewährleistet, dass eine Frau die Geburt überlebt. Aber das war nicht immer so. Es ist noch nicht so lange her, da war mit der Geburt eines Kindes die reale Gefahr des eigenen Todes verbunden (oder das Kind hätte sterben können). Diese potenzielle Erfahrung sitzt bis heute im kollektiven Feld und wirkt sich mehr oder weniger auf die Zellen und das Energiefeld unserer Vagina aus.

Um all die großen, schicksalsträchtigen Themen „weiß" unsere Vagina. Das ist natürlich kein intellektueller Prozess, sondern ein körperliches Verhalten, welches aus den Informationen entsteht, die in uns, in unserer Seele und eben auch dem betreffenden Organ gespeichert sind.

Wenn wir uns diese Themen vergegenwärtigen, so hat Hingabe auf der körperlichen Ebene für eine Frau deshalb auch immer etwas mit ihrer Fähigkeit zu tun, sich dem Größeren, dem Vorbestimmten und Transpersonalen anzuvertrauen. Potenziell geht es um etwas Großes und Wesentliches, auch im sexuellen Kontakt mit einem Mann.

Was ich gerade geschrieben habe, ist im Übrigen kein Plädoyer gegen Schwangerschaftsverhütung, nach dem Motto „Mische Dich nicht in die großen Bewegungen des Schicksals ein", sondern ich möchte mit meinen Worten einen energetischen Prozess verdeutlichen und die Auswirkungen, die dieser Prozess auf unsere Vagina sowie unser Empfinden und Erleben hat.

Die Beziehung zur eigenen Weiblichkeit und zu den unmittelbar weiblichen Energien

Neben unseren Brüsten ist die Vagina unser deutlichstes, weibliches Organ. Auf diese Weise gibt es eine unmittelbare Wechselwirkung zwischen diesem Organ und unserem Grundgefühl in Bezug auf die Weiblichkeit. Fühlen wir uns grundsätzlich gut, kraftvoll und sicher in unserer Weiblichkeit, so wird die Vagina als natürliche Seins- und Ausdrucksform weiblicher Sinnlichkeit und Freude erlebt. Fühlen wir uns verletzt, ängstlich und unsicher, wird sich auch das unmittelbar in den Empfindungen der Vagina widerspiegeln. Umgekehrt wirken sich konkrete Erfahrungen im vaginalen Bereich auf unser Gesamtgefühl als Frau aus. Gewalt- oder Missbrauchserfahrungen, um ein extremes Beispiel zu benutzen, führen meistens zu einer existenziellen Verunsicherung der Weiblichkeit.

Auch hier können darüber hinaus, wie überall, kollektive und seelische Erfahrungen sowie Erinnerungen eine Rolle spielen.

Die Beziehung zu anderen Frauen

Wir brauchen als Frau den Kontakt zu uns selbst, den zu Männern und den zu anderen Frauen. Es gibt Erfahrungen und Bedürfnisse, die wir in verschiedenen Umgebungen machen können, aber es gibt auch solche, die wir nur in einem der genannten Felder finden können. Wenn das nicht klar ist, kommt es häufig vor, dass wir die Erfüllung eines Bedürfnisses an der falschen Stelle suchen. Die Familienstruktur der Kleinfamilie, die in unserer Zeit immer noch überwiegend gelebt wird, führt dazu, dass Paare dazu tendieren, die Befriedigung aller wesentlichen Bedürfnisse beim Partner zu suchen. Als Frau sind wir oft verletzt und frustriert, wenn unser Partner uns beispielsweise nicht die mütterliche Wärme geben kann, die wir besonders in Zeiten brauchen, in denen wir uns gestresst und überfordert fühlen. Es gibt zwar viele Männer, die versuchen, diesen Bedürfnissen ihrer Partnerin gerecht zu werden (und manche, die eine relativ stark entwickelte weibliche Energie in sich tragen, machen das auch sehr gut), aber zumeist verläuft das auf Dauer unbefriedigend. Während die Frau immer das Gefühl hat „Das war`s nicht so wirklich" und unbefriedigt bleibt, fühlt der Mann sich überfordert und frustriert, weil es scheinbar nie genug ist, was er zu geben hat. Entlastend für alle Beteiligten wäre es daher, sich klarzumachen, wo welches Bedürfnis auf ganz natürliche Weise gestillt werden kann.

Um als Frau in unserer vollen Kraft und Fülle stehen zu können, benötigen wir die Gemeinschaft der Frauen. In dieser Gemeinschaft werden die Bedürfnisse erfüllt, die wir nur bei den Frauen stillen können. Für einige mag das eine natürliche Erfahrung sein, aber viele Frauen haben ein Problem damit, sich mit der nährenden Kraft des weiblichen Feldes zu verbinden. Wie in vielen Lebenszusammenhängen gibt es hierfür mannigfaltige Gründe. Natürlich spielt die Beziehung zu unserer Mutter eine ganz wesentliche Rolle dabei. Viele Töchter erleben die Beziehung zu ihrer Mutter oft als sehr ambivalent. Entweder sie fühlen sich abgelehnt und ungeliebt oder sie haben das Gefühl, sie werden von der Übermacht der Mutter und ihren Bedingungen überwältigt, wenn sie es zulassen, sich der Mutter zu öffnen. Es geht dabei also vielfach um ein Ringen zwischen Liebesbedürfnis und Freiheit und dem Gefühl, sich für das eine oder das andere entscheiden zu müssen. Darüber hinaus spielen sowohl die kollektive als auch die Ebene unserer individuellen Seelengeschichte eine Rolle, was unser Empfinden anderen Frauen gegenüber angeht. Vielleicht erinnern Sie sich, was ich im 7. Kapitel über das Verhältnis der Frauen zueinander geschrieben habe: der alte Konkurrenzkampf, der im Wesentlichen aus Existenzängsten geboren war. Zumindest im kollektiven Feld tragen wir noch an dem alten Misstrauen gegeneinander – einmal ganz abgesehen von konkreten Erfahrungen aus unserer Seelengeschichte. Des Weiteren gibt es für uns Frauen auch noch ein wichtiges Thema in Bezug auf unser Kommunikationsverhalten. Hierauf werde ich im folgenden Kapitel genauer eingehen.

Neben diesen emotionalen und seelisch-karmischen Aspekten im Kontakt mit anderen Frauen, gibt es außerdem noch eine energetische Ebene, die in unserem Zusammenhang nicht zu unterschätzen ist. Im Kontakt mit anderen Frauen können wir unser

weibliches Kraftfeld wieder aufladen und stärken. Das kann man sich vorstellen wie einen Akku, den man nach längerem Gebrauch wieder mit der Ladestation aufladen muss. Das geschieht automatisch, wenn wir uns als Frau in weibliche Gesellschaft begeben. Dabei muss es sich nicht einmal um konkrete, persönliche Kontakte handeln, aber es sollte eine Offenheit für dieses weibliche Feld in uns geben.

Es ist schön und heilsam, wenn wir Frauen wieder lernen, einfach miteinander zu sein und uns gemeinsam diesem nährenden weiblichen Feld anvertrauen. Vielleicht sogar zur Abwechslung einmal ohne viele Worte.

Der Einfluss der modernen Gesellschaft

In der modernen Welt mit all ihren Anforderungen erschöpfen wir uns immer wieder. Es gibt wenig Raum für Entspannung und Regeneration, die jeder Mensch braucht, um ein inneres Gleichgewicht zu erhalten. Eine Frau wird im permanenten Arbeitsmodus besonders belastet, weil sie die Entspannung benötigt, um ihre weibliche Energie zu nähren. Das bedeutet, dass die westliche (deutsche) Arbeitsmoral und Ausrichtung sich per se schwächend auf das weibliche Energiesystem auswirken.

Zwar ist es wichtig, dass eine Frau heutzutage die Möglichkeit hat, sich durch einen Beruf zu verwirklichen und die Erfahrung materieller Unabhängigkeit zu machen. Aber ich sage Ihnen sicherlich nichts Neues, wenn ich anmerke, dass viele Frauen heutzutage mindestens zwei Arbeitsleben parallel führen – das eigentliche Berufsleben und ein Leben als Mutter und Hausfrau. Wir können uns auf die Schulter klopfen, dass wir all das zusammen bewältigen, aber wie Sie sicher am eigenen Leib erfahren, wenn Sie in der Situation einer solchen Doppel- und Mehrfachbelastung leben, ist der Preis, den wir dafür bezahlen, sehr hoch.

Ich habe für dieses Dilemma auf der äußeren Ebene auch keine Patentlösung parat. Lassen Sie sich nur ermutigen, immer wieder Auszeiten für Entspannung zu nehmen und notfalls ganz gezielt in den Terminkalender einzutragen. Das kann ein Spazier-gang in der Natur sein, ein Saunabesuch oder eine Massage, die Sie sich gönnen. Jede Frau kann auch einfach mal auf dem Sofa liegen und nichts tun.

Wenn Sie aktiv dazu beitragen möchten, Ihre weibliche Energie zu regenerieren und zu stärken, möchte ich an dieser Stelle eine kleine Übung vorschlagen, die sich leicht in den Alltag integrieren lässt. Es reichen wenige Minuten dafür aus, wobei Sie die Übung natürlich auch gerne zeitlich ausdehnen können.

Übung (siehe Seite 198):

In einem Moment der Muße konzentrieren Sie sich auf Ihren Atem und atmen bewusst und ruhig etwas tiefer, als Sie es sonst gewohnt sind, ein und aus. Nach einer Weile lenken Sie den Atem beim Einatmen in die Vagina und atmen nun durch die Vagina ein. Lenken Sie den Atem im weiteren Verlauf des Einatmens weiter aufwärts in den Bereich des Herzens und der Brüste. Dort hal-ten Sie ihn ganz kurz an und atmen dann durch das Herz und die Brüste wieder aus. Wenn es sich in den Rhythmus auf gute Weise einfügt, können Sie auch nach dem Ausatmen einen kur-zen Moment in Stille verweilen, bevor Sie zum nächsten Atemzug ansetzen.

Lassen Sie einen Kreislauf zwischen ihrer Vagina und dem Herzen entstehen und finden Sie selbst ein Atemtempo, das Ih-nen angenehm ist. Lassen Sie sich einen Moment ganz in diesen Atemzyklus fallen. Wenn Sie möchten, können Sie beim Einatmen bewusst wahrnehmen, wie Sie die gute Kraft des Lebens empfan-gen, und beim Ausatmen können Sie Liebe durch Ihr Herz und die Brüste in die Welt strömen lassen.

Nur wenige Minuten reichen oft, um ein entspanntes und er-frischtes Gefühl im gesamten Körper zu bekommen.

Der Orgasmus und seine energetische Wirkung

Im sexuellen Kontakt mit dem Mann geschieht es zumeist automatisch, dass wir unseren weiblichen Pol entladen. Die uns allen vertraute Form der Sexualität ist darauf ausgerichtet, einen Orgasmus zu haben. Ein Orgasmus ist an sich eine schöne Sache, und ich will niemandem diese Erfahrung madig machen. Was die meisten Menschen jedoch nicht wissen, ist, dass der Orgasmus unser System zwar einerseits entspannt und harmonisiert, er andererseits aber auch dazu führt, dass unsere natürliche Polung als Mann oder Frau für eine Zeit neutralisiert wird. Dieser Prozess geschieht zumeist in drei Phasen [*39]:

1. Zunächst gibt es zwischen einer Frau und einem Mann eine natürliche Anziehung, die durch das polare Kraftfeld der beiden Geschlechter generiert wird. Die individuelle Anziehung wird neben der magnetischen Kraft noch von vielen verschiedenen anderen Faktoren bestimmt. Da spielen psychische, entwicklungsgeschichtliche und hormonell-chemische Aspekte eine Rolle.[*40] [*41] Wie hat sich meine Vorliebe für einen bestimmten Typ Mann entwickelt? Häufig sind die Physiologie und der Charakter des Vaters, aber auch der Mutter, von Bedeutung. Gab es in der prägenden Zeit in meinem Leben außer dem Vater eine männliche Person, die mir viel bedeutet hat? Gerade der Geruch spielt eine wichtige Rolle darin, inwieweit sich eine Frau und ein Mann anziehend finden. Das hat etwas mit der hormonellen und genetischen Kompatibilität bei einem Paar zu tun. Darüber hinaus gibt es immer individuelle Vorlieben und Interessen, die einen anderen Menschen für uns besonders begehrenswert machen.

2. Aus dieser Anziehung entsteht ein Spiel oder ein Tanz, der sich sowohl für die Frau als auch für den Mann knisternd und erotisch anfühlt und dann im gegebenen Fall zur sexuellen Vereinigung führt. Das ist natürlich nicht zwingend.

3. Das Liebesspiel endet zumeist mit der physischen und energetischen Entladung durch einen Orgasmus. Als Folge dieser Entladung „neutralisieren" wir unsere Magnetfelder gegenseitig. Es ist derselbe Effekt wie bei einem Gewitter, wo sich die elektrische

Ladung durch Blitz und Donner entlädt. Das nun (vorübergehend) neutralisierte Energiefeld führt dazu, dass die magnetische Anziehung für eine gewisse Zeit aufgehoben ist. Das ist an sich nichts Schlimmes, nur ist es hilfreich, sich dieser Mechanismen bewusst zu sein und dafür zu sorgen, die eigene Polung wieder neu aufzuladen. Dies gelingt durch eine bewusste Verbindung mit der weiblichen Energie (dafür könnten Sie zum Beispiel oben genannte Übung machen) oder, auf ganz unkomplizierte Weise, dadurch, dass man sich in ein weibliches Feld begibt.

In den vergangenen Kapiteln habe ich bereits erläutert, wie es historisch um die Beziehungen von Frauen bestellt ist. Es ist eine große und wichtige Aufgabe für uns Frauen, die alten Muster von Konkurrenz und Misstrauen zu erlösen, um das ursprüngliche Potenzial des Genährtwerdens im Kreis der Frauen neu zu beleben.

Kommunikation

Einen wichtigen Aspekt aus dem Bereich der Gehirnforschung möchte ich in diesem Zusammenhang erwähnen.*[42] Forscher, die sich mit der Entwicklung von menschlichen Föten befasst haben, konnten feststellen, dass ein Embryo sich in den ersten acht Wochen nach der Befruchtung bei beiden Geschlechtern gleich entwickelt. Nach acht Wochen jedoch kommt es beim weiblichen Fötus zu einer Überschwemmung mit Östrogen. Östrogen ist ein Hormon, das die Entwicklung des weiblichen Organismus stark mitbestimmt. Auf der körperlichen Ebene beeinflusst es maßgeblich die Ausbildung des weiblichen Körpers. Es hat aber auch starke Auswirkungen auf unsere Gehirnstrukturen sowie unsere Wahrnehmung und Emotionen.

Östrogen ist unter anderem. verbunden mit der Fähigkeit zur Kommunikation. Durch den Überschuss an Östrogen ist ein Mädchen „begabter" und sensibler für Kommunikation. Das führt dazu, dass Kommunikation eine wichtige Rolle für die Selbstwahrnehmung spielt. Das Mädchen entdeckt sich selbst im Spiegel der Kommunikation. Es „braucht" das Gefühl, in der Kommunikation gesehen und bestätigt zu werden.

Die besondere Sensibilität im Bereich der Kommunikation führt außerdem dazu, dass Frauen besonders gut in der Lage sind, im Gespräch zwischen den Zeilen zu lesen. Dabei schützt uns diese Fähigkeit nicht vor Fehlinterpretationen über das, was wir meinen, zwischen den Zeilen zu lesen. Es ist also hilfreich, sich zu vergewissern, ob das, was man wahrnimmt, auch der Realität entspricht. Diese Paarung von Sensibilität und dem Bedürfnis nach Bestätigung in der Kommunikation führt häufig dazu, dass Frauen sich scheuen, ganz offen und direkt zu kommunizieren. Viele wählen einen indirekten, oder sogar manipulativen Weg – häufig ohne sich dessen bewusst zu sein. Sie „scannen" ihr Gegenüber, bevor sie etwas sagen und äußern es dann auf eine Weise, die den größten Erfolg im Sinne von Bestätigung erhoffen lässt.

Es ist nicht so, dass Männer es nicht merken, wenn eine Frau indirekt oder manipulativ kommuniziert, aber für den Mann ist es nicht so deutlich und es ist auch nicht so schwierig für ihn, damit umzugehen (arglos wie er ist ...). Er fühlt sich durch Unverständnis und Missverständnisse nicht so existenziell bedroht. Für Frauen kann die Kommunikation dadurch jedoch sehr kompliziert werden. Es werden sozusagen Gespräche auf mehreren Ebenen gleichzeitig geführt. Das Indirekte, was sich zum Beispiel in „Zuckersüße" oder vordergründiger Verbindlichkeit ausdrückt, paart sich mit dem eigentlichen Inhalt des Gesprächs und der verborgenen emotionalen Ladung oder Befindlichkeit, die hinter dem Gesagten stecken. Haben Sie schon einmal erlebt, dass eine Freundin Ihnen Geheimnisse anvertraut hat, und Sie trotzdem das Gefühl hatten, sie hält sich vollkommen bedeckt? Oder eine Bekannte lächelt scheinbar freundlich im Kontakt, aber Sie spüren genau, dass sie innerlich kocht? Das sind typische Beispiele dafür.

Deshalb ist es für Frauen nicht leicht, wirklich direkt und offen miteinander zu kommunizieren. Und so entsteht sehr schnell eine Ebene von Misstrauen und Missverständnissen im Kontakt miteinander. Ein wesentliches Problem dabei ist auch, dass sich viele ihrer zwischen den Zeilen mitgeteilten Befindlichkeiten gar nicht bewusst sind. Das nicht Greifbare im Kontakt bietet einen herrlichen Spielraum für Projektionen der eigenen Geschichte und bestärkt uns immer wieder aufs Neue in der Überzeugung, den Frauen oder anderen Menschen ganz allgemein nicht wirklich (ver)trauen zu können.

Indem wir uns unseren eigenen inneren Ängsten stellen, können wir nach und nach lernen, uns immer offener und direkter mitzuteilen. Die alten Ängste und Unsicherheiten, die uns oft automatisch veranlassen, indirekt zu kommunizieren, haben ihre Ursache so gut wie nie in der aktuellen Situation, sondern sind die Folge alter Verletzungen und Missverständnisse innerhalb unserer Geschichte.

Darüber hinaus können wir als Frau auch bewusst lernen, uns eher auf den konkreten Inhalt der Kommunikation zu konzentrieren, anstatt allzu sehr damit beschäftigt zu sein, die Zwischentöne zu suchen und zu interpretieren.

Hier fällt mir ein wunderbares Beispiel aus einer meiner Gruppen ein: Eine Teilnehmerin kam morgens vollkommen aufgelöst in den Seminarraum. Ihr Mann war in der Nacht davor erkrankt, und sie fühlte sich verpflichtet nach Hause zu fahren, was bedeutete, dass sie vor Ende des Seminars abreisen musste. Sie sagte zu mir, ihr Mann hätte gesagt, sie könne ruhig noch bleiben, aber sie „wüsste" ja, was er eigentlich meinte. Und so wäre es immer ... Also fuhr sie nach Hause.

Es ist erstaunlich und vielleicht erzähle ich Ihnen jetzt etwas ganz Neues: Viele Männer meinen tatsächlich einfach das, was sie sagen, und wir Frauen sind in so einem Fall dann diejenigen, die „die eigentliche" Geschichte hinter der Geschichte suchen. Manchmal haben wir zwar recht, aber beileibe nicht immer.

Je direkter wir uns mitteilen, desto vertrauenswürdiger werden wir für andere Menschen und desto einfacher wird das Leben mit uns selbst und anderen.

Die Beziehung zum Mann

Unsere Vagina ist ihrem Potenzial nach darauf ausgerichtet, sich freud- und lustvoll mit dem Penis des Mannes zu vereinigen (so wie im Übrigen auch mit dem Leben selbst).

Ich möchte an dieser Stelle eine Anmerkung machen. Ich bin mir durchaus bewusst, dass es völlig andere Lebensentwürfe und viele Menschen gibt, die in ihrer sexuellen Ausrichtung vom gleichen Geschlecht angezogen werden. Meine Ausführungen hier sind nicht so zu verstehen, dass diese Form von Sexualität zwischen Mann und Frau die einzig wahre oder richtige ist. Ich werde in den folgenden Kapiteln noch näher auf das Thema Sexualität und männliche beziehungsweise weibliche Essenz eingehen.

Doch jetzt weiter im Kontext: Im lust- und liebevollen Kontakt mit dem Mann und entsprechend dem Grad der Präsenz, in der der sexuelle Kontakt stattfindet, erfahren wir als Frau eine Harmonisierung, Stärkung sowie ein energetisches Genährtwerden durch den positiv geladenen Penis. Der Penis hat das Potenzial, alte Wunden in unserer Vagina zu heilen, kann aber auch umgekehrt Schmerz verursachen und neu beleben. Das hängt ganz von der Motivation, der Ausrichtung und der Bewusstheit aller Beteiligten ab. Diesen Prozess werde ich genauer im 10. Kapitel erläutern.

Kindheitsgeschichte, seelische und kollektive Aspekte

Natürlich spielen auch in diesem Zusammenhang kindheitsgeschichtliche, seelische und kollektive Aspekte eine wesentliche Rolle im Hinblick darauf, wie wir sexuelle Kontakte konkret und ganz persönlich erfahren.

Wenn die Vagina zum Beispiel durch schmerzhafte Erfahrungen in der Kindheit und Jugend oder in Form einer alten Seelenerinnerung im Patriarchat verwundet und verspannt ist, ist es – bei aller Liebe – nicht leicht, sich lustvoll zu öffnen.

Aus der kollektiven Geschichte möchte ich noch einmal den Aspekt der materiellen Abhängigkeit vom Mann im Patriarchat hervorheben.

Diese alte Abhängigkeit hat zwei Probleme im weiblichen Feld verursacht. Zunächst einmal haben Frauen im Patriarchat die Erfahrung gemacht, dass immer der Mann zwischen ihr und dem Leben stand. Die Grunderfahrung der meisten Frauen war: Ich bekomme vom Leben nur das, was der Mann bereit ist, mir zu geben. Was hier fehlt ist die Erfahrung des eigenen, direkten Zugangs zur Fülle des Lebens und der damit verbundenen Erfahrung, versorgt zu sein und alles eigenständig meistern zu können. Dies hat zu einer Art von Handel geführt. Der Mann versorgt die Frau, und die Frau ist dem Mann zu Diensten. Der Dienst bezog sich, wie wir wissen, auf alle möglichen Lebensbereiche, hat aber im Bereich der Sexualität besonders ungünstige Folgen.

Mal ganz abgesehen von der allgemeinen Lustfeindlichkeit der damaligen Zeit und dem damit verbundenen Bild über die sündhafte Natur der Frau, hat die eingeforderte Hingabe bei Frauen zwei extreme Reaktionen hervorgerufen: Entweder sie fügten sich in ihr Schicksal und resignierten, was dazu führte, dass Sexualität etwas war, das man bestenfalls über sich ergehen ließ, oder sie wurden hart, verbittert und stolz und ließen keinen Mann mehr an sich heran.

Beides hat den Frauen nicht gut getan.

Wenn wir Frauen die Erfahrung machen, das Leben selbst sorgt für mich und ich stehe in meiner eigenen Kraft, kann sich die alte Abhängigkeit auflösen. Sobald das geschieht, sind wir frei, uns auf der sexuellen Ebene selbstbestimmt hinzugeben. Es wird dann meine eigene Wahl aus Lust und Freude.

Und diese Form der selbstbestimmten Hingabe eröffnet mir als Frau die Möglichkeit, mein ekstatisches Potenzial zu erkunden und freizusetzen. Hier schließt sich der Kreis, denn die Erfahrung von Ekstase ist verbunden mit der tiefsten Form von Hingabe, die wir dem Leben entgegenbringen können.

Bevor Sie jetzt mit den Releasingsätzen weitermachen, möchte ich dringend auf eine Sache hinweisen! Ich habe im Laufe der Jahre leider viel zu oft gesehen, dass Frauen irgendeine Form von sexuellen Übergriffen erlebt haben.

Wenn das bei Ihnen der Fall sein sollte, wird es für Ihre Heilung kaum ausreichen, die wenigen Releasingsätze, die ich zu diesem Thema formuliert habe, auszusprechen. Sexueller Missbrauch ist eine vielschichtige und traumatische Erfahrung, die in den meisten Fällen persönliche Unterstützung über einen gewissen Zeitraum erfordert. Ich möchte Sie daher ermutigen, sich Hilfe zu holen, wenn Sie wissen oder jetzt feststellen, dass es in Ihrem Leben entsprechende Erfahrungen gegeben hat oder gegeben haben könnte.

Intermezzo:
Releasingsätze zum Thema „Die Vagina"

~ Ich lasse los alle Angst, die Kontrolle über mein Leben zu verlieren.
~ Ich lasse los alles Misstrauen dem Leben gegenüber.
~ Ich lasse los die Erwartung, dass das Leben mich im Stich lässt, wenn ich mich ihm anvertraue.
~ Ich lasse los die Angst zu sterben, wenn ich mich öffne und vertraue.
~ Ich lasse los, die Angst davor, schwanger zu werden, wenn ich mich öffne und entspanne.
~ Ich lasse los alle Identifikation mit der kollektiven Angst zu sterben, wenn ich schwanger werde.
~ Ich lasse los alle Auswirkungen aus vergangenen Leben, wo ich keine Kontrolle darüber hatte, ob ich schwanger werde oder nicht.
~ Ich lasse los alle Erschöpfung über zu viele Schwangerschaften und Geburten in allen betreffenden vergangenen Leben.
~ Ich lasse los alle Notwendigkeit, mein Wurzelchakra zu versiegeln, um mich vor Schwangerschaften zu schützen.
~ Ich lasse los das alte Programm, dass ich immer dann schwanger werde, wenn ich sexuelle Lust empfinde.

~ Ich lasse los den Glauben, dass ich Schwangerschaften verhindern kann, wenn ich mich von meinem Lustempfinden abtrenne.

~ Ich lasse los alle Notwendigkeit und Entscheidung, meine Lust zu kontrollieren.

~ Ich lasse los das alte Gefühl, dass Gott mich bestraft, wenn ich meine Lust zulasse.

~ Ich lasse los alle Angst vor Hingabe und Ekstase.

~ Ich lasse los den alten Hader mit meiner Weiblichkeit.

~ Ich lasse los allen Widerstand dagegen, in einem weiblichen Körper zu sein.

~ Ich lasse los alle Notwendigkeit, meine Weiblichkeit zu verbergen, um mich zu schützen.

~ Ich lasse los das Gefühl, als Frau dem Leben ausgeliefert zu sein.

~ Ich lasse los alle Auswirkungen der Verletzung meiner Vagina durch sexuelle Gewalt in diesem Leben und/oder in vergangenen Leben.

~ Ich bitte darum, dass meine Vagina von allen alten Verletzungen gereinigt und geheilt wird.

~ Ich lasse los das alte Programm, dass es eine Sünde ist, wenn ich als Frau sexuelle Lust empfinde.

~ Ich lasse los alle Notwendigkeit, die Lust in meinem Körper zu bekämpfen.

~ Ich lasse los alles Misstrauen gegenüber anderen Frauen.

~ Ich lasse los das alte Gefühl der Konkurrenz anderen Frauen gegenüber.

~ Ich lasse los alle Angst davor, mich anderen Frauen gegenüber zu öffnen und ihnen zu vertrauen.

~ Ich lasse los alle Auswirkungen von Kämpfen und Intrigen mit anderen Frauen.

~ Ich lasse los die Erwartung, getäuscht und enttäuscht zu werden, wenn ich mich einer Frau öffne.

~ Ich lasse los alle Gefühle von Unsicherheit und Minderwertigkeit anderen Frauen gegenüber.

~ Ich lasse los den Glauben und das Programm, dass der Penis eines Mannes gewalttätig und verletzend ist.

~ Ich lasse los alle Notwendigkeit, meine Vagina zu schützen, indem ich mich verschließe.

~ Ich lasse los allen Hass auf mich selbst und meine Dienstbarkeit den Männern gegenüber in allen betreffenden Leben.

~ Ich lasse los den Selbsthass und Selbstekel darüber, meinen Körper gezwungen zu haben, einem Mann zu Diensten zu sein.

~ Ich lasse los allen Hass und allen Stolz den Männern gegenüber.

~ Ich lasse los das alte Gefühl, dass die Männer mich daran hindern, frei und stark zu sein.

~ Ich lasse los den alten Hass auf die materielle Abhängigkeit von den Männern in allen betreffenden Leben.

9. Kapitel
Die Paarbeziehung –
der Spiegel zum Selbst

Die Bedeutung von Beziehungen im Leben

Unser ganzes Leben besteht im Wesentlichen aus Beziehungen. Wir stehen in Beziehung zu diesem Planeten, zu den Menschen, der Atmosphäre und allen anderen Dingen und Lebewesen, die uns umgeben. Beziehungen sichern unser Überleben und wir entwickeln und entdecken uns selbst im Spiegel dieser Beziehungen. Das heißt auch, dass Beziehungen unsere Geschichte und unsere Realität wesentlich mitgestalten.

Eine besondere Stellung nehmen in diesem Zusammenhang die sogenannten *prägenden Beziehungen* in unserem Leben ein. Prägend ist alles, was uns in einer Phase unseres Lebens widerfährt, in der unser System und besonders die neuronalen Verknüpfungen im Gehirn noch formbar sind, da sie noch nicht festgelegt sind.*[43] Intensive körperliche oder emotional geprägte Erlebnisse und Erfahrungen, die sich in dieser Zeit häufig wiederholen, führen dazu, dass sich im synaptischen System unseres Gehirns Verknüpfungen und Bahnen etablieren, die fortan unsere Realitätswahrnehmung und unsere Reaktionen und Emotionen bestimmen. Ein weiterer wichtiger Faktor bei diesen Prägungsprozessen ist der Grad von existenziellem Erleben, den wir bei den entsprechenden Erfahrungen machen. Je abhängiger wir sind, desto existenzieller erleben wir Situationen.

Aus diesen Informationen lässt sich leicht verstehen, dass die frühe Kindheit die Zeit im Leben ist, in der wir am intensivsten geprägt werden. Und in dieser Zeit sind es normalerweise die

Eltern oder die Personen an Eltern statt, die maßgeblich an diesen Prägungen mitarbeiten. Alles was wir glauben zu sein, was wir uns zutrauen oder auch nicht, und alles, was wir über das Leben denken, hängt wesentlich mit diesen prägenden Beziehungen in unserem Leben zusammen. Man könnte auch sagen: Wir sehen und interpretieren das Leben im Sinne unserer Prägungen. Deshalb ist es für viele Menschen so wichtig, Erfahrungen und Muster aus dieser Lebensphase aufzuarbeiten, um die tiefen, alten Prägungen, sofern sie uns in unserem Leben behindern, zu lockern und vielleicht sogar ganz aufzulösen. Dazu kommen natürlich auch genetische und Umweltbedingungen sowie die Individualität unserer Seele, die bereits Prägungen und Überzeugungen mit in dieses Leben bringt. Auf der Seelenebene ist eine neue Inkarnation immer wieder eine neue Gelegenheit, alte Prägungen und Überzeugungen zu überprüfen. Wenn ich beispielsweise in einem vergangenen Leben die Erfahrung gemacht habe, materiell von den Männern abhängig zu sein, dann kann ich in diesem Leben lernen, mich selbst zu versorgen, und überwinde auf diese Weise die alten Überzeugungen.

Es kann auch in unserem späteren Leben prägende Erfahrungen geben. Einschneidende Erlebnisse, Geburt, Tod, traumatische Erfahrungen oder besonders glückliche Ereignisse. Als Regel kann man sagen: Je früher, je existenzieller und je häufiger eine Erfahrung gemacht wurde, desto prägender wirkt sie auf unser System.

Die Bedeutung des inneren Kindes im erwachsenen Leben

Auch wenn wir erwachsen sind, tragen wir die Qualitäten des Kindes, das wir einmal gewesen sind, weiter in uns. Ein gesundes inneres Kind verbindet uns mit der Neugier und Begeisterung für das Leben sowie mit einem grundsätzlichen Grundgefühl von Vertrauen. Es ist ein machtvoller Verbündeter, wenn es darum geht, Spaß und Abenteuer im Leben zu erfahren. Dieses Kind ist kompromisslos, wild und mutig.

Die meisten Menschen kommen jedoch mit mehr oder weniger starken Defiziten aus ihrer Kindheit. Alle Verletzungen und Verunsicherungen, die wir erfahren haben, leben in den entsprechenden Aspekten unseres inneren Kindes weiter. Sie sind verbunden mit alten Emotionen von Wut, Traurigkeit, Ohnmacht und sehr häufig von Schamgefühlen.

Im Alltag sind wir uns dieser inneren Anteile zumeist nicht bewusst. Wir gehen unserem Leben und unseren erwachsenen Verpflichtungen nach. In Situationen aber, in denen wir Erfahrungen machen, die den entsprechenden Erlebnissen unserer Kindheit ähneln, kommt das innere Kind schlagartig an die Oberfläche und übernimmt das gesamte emotionale Terrain. Wir selbst merken das ohne Bewusstheit und Übung nicht, denn es fühlt sich an wie immer. Außen stehende Personen sind jedoch zumeist irritiert über unsere merkwürdig irrationalen, häufig vollkommen überzogenen emotionalen Reaktionen. Das Problem in uns selbst ist das Gefühl der Ohnmacht und des Ausgeliefertseins, das aber eigentlich „nur" aus der Zeit kommt, in der wir tatsächlich ausgeliefert waren, weil wir existenziell im Überleben und in unserer Identität von bestimmten Personen abhängig waren, die uns bewusst oder unbewusst verletzten.

Zum Beispiel Nina: Sie war das jüngste von drei Geschwistern, darüber hinaus noch eine Nachzüglerin. Alle, auch die Geschwister in der Familie, waren erheblich älter als sie. Sie wurde von allen geliebt, aber mit einer belächelnden Nachsicht behandelt, weswegen sie sich oft nicht ernst genommen fühlte. Später lernt sie einen netten Mann kennen. Sie sind glücklich und verliebt. Manchmal fühlt Hans eine besondere Zärtlichkeit für sie und neckt sie ein bisschen wegen irgendwelcher kleiner Marotten, die er eigentlich besonders liebt. In diesen Momenten wird Nina plötzlich wütend und zieht sich vollkommen in sich zurück. Hans ist ratlos.

Dieses Beispiel zeigt, dass es gar keiner besonderen Traumatisierungen bedarf, um solche tiefen Muster von Schmerz zu kreieren, die im späteren Leben immer wieder zu Missverständnissen führen können. Für Hans wäre sein Verhalten ein Einstieg in einen zärtlichen Kontakt, für Nina ist es das Wiedererleben von Demütigung und Minderwertigkeitsgefühlen.

Das innere Kind, das eigentlich eine Quelle von Kraft und Freude in uns sein könnte, ist in der Realität oft zunächst einmal so etwas wie ein Widersacher, der uns im Schmerz gefangen hält, uns das Gefühl von Ohnmacht und Opferdasein vermittelt und im engen Verbund mit unseren unerlösten Emotionen steht. Erinnern Sie sich an die Ausführungen aus dem ersten Kapitel? Dort habe ich ausführlich über den Unterschied von Gefühlen und Emotionen geschrieben.

Ganz besonders heikel wird es dann, wenn in einer Paarbeziehung zwei innere Kinder aufeinander treffen. Das muss gar nicht grundsätzlich der Fall sein. Wie gesagt, das geniale (oder manchmal auch furchtbare) an Beziehungen ist, dass gerade auch die verletzten, unerlösten inneren Anteile im Partner ein optimales Gegenüber finden. Das gibt, in den entsprechenden Situationen, zumeist ein großes Hauen und Stechen, aus dem es so leicht kein Entkommen gibt. Beide Partner sind dann in ihren alten aktivierten Emotionen gefangen und haben keine Möglichkeit, adäquat oder „erwachsen" mit der Situation umzugehen. Es ist sehr hilfreich für alle Bereiche des Lebens und besonders auch in Bezug auf eine Paarbeziehung, wenn das innere Kind aus dem Verlies des Unterbewusstseins befreit und gesehen, geliebt und geheilt wird. Wenn Sie sich für diese Thematik interessieren, dann empfehle ich die Bücher von John Bradshaw.*[44]

Die Bedeutung der Paarbeziehung auf der inneren Ebene

Wenn die frühe Kindheit die prägende Zeit unseres Lebens ist, warum soll dann ausgerechnet die Paarbeziehung der Spiegel zu unserem Selbst sein? Eine Paarbeziehung hat mitunter einen sehr genialen Mechanismus. Leider wird dieser Mechanismus häufig verkannt und deshalb abgelehnt und bekämpft.

Wenn wir uns verlieben, öffnen wir uns. Unser Herz ist weit und glücklich und unser Körper entspannt sich. Das ist zunächst ein ganz wunderbares Gefühl. Das Leben erscheint hell und sinnvoll, alles scheint möglich zu sein.

Genau diese Öffnung wird uns jedoch, früher oder später, an alle Punkte in uns selbst führen, wo wir Blockaden und Verletzungen in uns tragen. Die Liebe rüttelt sozusagen an den Grundfesten unserer Ängste und Verletzungen. Zunächst berührt sie das Eigentliche, Wesentliche, Natürliche und Gesunde in uns. Eigentlich, natürlich und gesund wäre es zum Beispiel, dem Leben zu vertrauen. Vertrauen ist auch die erste natürliche Bewegung zu einer geliebten Person hin. Wenn ich das Vertrauen aber nicht als Qualität in mir selbst verinnerlicht habe, weil ich in der Zeit, in der sie hätte entwickelt werden sollen – nämlich kindheitsgeschichtlich betrachtet im ersten Lebensjahr – diese Qualität nicht entwickeln konnte, passiert Folgendes: Zum einen erfahre ich das alte Gefühl der Abhängigkeit von einer äußeren Person mit dem damit verbundenen Gefühl von Existenzangst. Daraufhin fangen alle alten Strategien, mit denen ich mich damals über Wasser gehalten habe, an, völlig verselbstständigt auf den Plan zu treten und zu agieren. Das Problem dabei ist: Wir werden so von den alten Mustern und Erinnerungen aus unserem Unterbewusstsein überschwemmt, dass wir den Bezug zur Realität als erwachsene Person und der aktuellen Beziehung zu unserem Partner verlieren. Was dann auch noch „erschwerend" hinzukommt, ist, dass wir uns mit traumwandlerischer Sicherheit einen Partner suchen, dessen ungeklärte Muster oder spezifische Verhaltensweisen wie der Deckel auf den Topf unseres alten Dramas passt. Eigentlich genial, wenn es nicht so unangenehm wäre.

Gehen wir noch einmal zurück zum Thema Vertrauen. Wenn ich diese Qualität nicht in mir trage, dann können in einer Paarbeziehung zwei extreme Reaktionen stattfinden: Entweder ich klammere mich an die andere Person oder ich verschließe mich und gebe mich „pseudounabhängig", um den Schmerz des Verlassenwerdens zu vermeiden. Meistens passiert beides, oder ein Partner bedient das eine Extrem, während der andere sich auf die andere Seite schlägt.

Ist Ihnen schon einmal aufgefallen, dass man die meisten Liebeslieder dieser Welt auf folgende Formel reduzieren kann: „Ich brauche Dich, ich kann ohne Dich nicht leben". Da sieht man, wie tief verwurzelt gerade dieses Thema in den Paarbeziehungen wirkt.

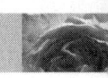

Wenn man einmal angefangen hat, die Paarbeziehung als Spiegel zum Selbst zu lesen, dann wird man in allen Konflikten – und ich meine wirklich in allen – eine Entsprechung zum inneren Drama der eigenen Geschichte finden. Und so können Konflikte und Unannehmlichkeiten in unserer Paarbeziehung helfen, wieder etwas über uns selbst zu erfahren und immer wieder ein Stück weiter zu gehen auf unserem eigenen Weg der Heilung und des inneren Wachstums.

Das heißt im Umkehrschluss übrigens nicht, dass das, was auf der äußeren Ebene geschieht, in jedem Fall irrelevant ist. Natürlich habe ich die Aufgabe, mich für mich selbst einzusetzen in meiner Paarbeziehung. Natürlich muss etwas verändert werden, wenn mein Partner beispielsweise gewalttätig oder permanent herablassend mit mir umgeht, aber gleichzeitig ist er eben auch ein Spiegel meiner inneren Realität. Wenn ich tief in mir selbst davon überzeugt bin, dass ich keine Achtung verdient habe, dann wird das Leben mir auch das reflektieren. Aber es wäre ebenso verkehrt, an diesem Punkt einfach nur „selbst schuld" zu sagen. Es ist wichtig, die eigene Person mit Liebe anzuschauen und sich zu fragen, wie es zu einer solchen inneren Erwartungshaltung kommen konnte. Dann kann man innere und äußere Maßnahmen ergreifen, um die Ursachen im Innen und die Auswirkungen im Außen zu klären, zu beheben und zu heilen. Das ist ein sehr sensibler und vollkommen individueller Prozess. In extremen Fällen kann es nötig sein, sich auf der äußeren Ebene von einem Partner zu trennen, der destruktive Verhaltensweisen an mir ausagiert.

Je tiefer und verbindlicher eine Beziehung wird, desto stärker bröckeln die alten Schutzwälle, hinter denen wir unsere alten Verletzungen sicher verstaut haben. So wird der Partner die optimale Projektionsfläche unseres inneren Dramas und damit ein sicherer Seismograf dafür, was in mir noch gelöst und geheilt werden möchte.

Da viele Paare immer noch glauben, der Kampf findet „da draußen" statt, bekommen die meisten Menschen große Angst um sich, um ihre Sicherheit und ihre Beziehung, wenn die unangenehmen Gefühle und Muster auf den Plan treten. Eigentlich könnten wir uns darüber freuen, endlich wieder etwas in uns zu entdecken, was geheilt werden kann. Aber zumeist tritt an dieser Stelle unser Ego auf den Plan. Das Ego will im Recht sein. Es braucht die alte Geschichte darüber, „wer ich bin" und „wer du bist" und nutzt das Drama, um sich zu stärken. Ohne eigene Geschichte würde sich das Ego auflösen. Deshalb will es immer lieber recht haben als frei sein. Und so verstricken sich Paare in diesen äußeren Kampf, als ginge es um Leben und Tod. Für unser Ego stimmt das letztendlich auch.

Wenn wir Paarbeziehungen auf dieser Ebene betrachten, so liegt ein großer Teil des Sinns einer Beziehung darin, sich selbst im Spiegel des Partners zu erkennen und die Gelegenheit zu nutzen, alten inneren Ballast aufzulösen.

Ein konstruktiver Weg durch die Krise

Häufig ist es schwierig, in Krisensituationen den Überblick zu behalten, wenn man sich als Paar gewissermaßen ineinander verkeilt hat. Im akuten Fall einer emotional aufgeladenen und festgefahrenen Situation empfiehlt sich als Erste-Hilfe-Maßnahme zunächst einmal eine Zeitspanne räumlichen Abstands voneinander. Es sollte so viel Zeit vergehen, dass beide Partner innerlich wieder deutlich zur Ruhe gekommen sind. Man kann sich entweder entspannen und Wasser trinken oder, wenn die Emotionen gar zu heftig wüten, ruhig einmal ausgiebig toben. Empfehlenswert sind zum Beispiel Kissen, die man vermöbeln kann, oder ein Raum, in dem man Körper und Stimme frei zum Ausdruck bringt. Um anschließend wieder Klarheit in einer emotional aufgeladenen und verwirrenden Situation zu haben, ist es äußerst klärend, einen inneren Standort einzunehmen, in dem man zu 100 Prozent Selbstverantwortung für den eigenen Anteil der Situation übernimmt. 100 Prozent, nicht weniger, aber auch nicht mehr. Wenn ich wütend bin und verletzt, übernehme ich Verantwortung für den Schmerz und seine Ursachen, indem ich ihn mir anschaue, meine Anteile darin erkenne und das tue, was ich tun muss, um Frieden zu finden.*45 Manchmal genügt der innere Erkenntnisprozess. Manchmal ist es

darüber hinaus notwendig, zum Beispiel etwas zu kommunizieren wie eine Bitte oder eine Forderung. Vielleicht muss ich auch etwas an meinen Lebensbedingungen verändern. Was ich jedoch nicht kann, ist, mich in Entscheidungen und Schlussfolgerungen meines Partners einzumischen. Ich kann meine Meinung abgeben, aber ich bin weder dafür verantwortlich noch kann ich letztendlich ändern, was mein Partner (oder irgendein anderer Mensch) aus dem macht, was er mit mir erlebt und was ich ihm spiegele. Ich kann beispielsweise etwas dagegen haben, wenn mein Partner raucht. Ich kann das zum Ausdruck bringen, medizinische Berichte vorlegen, die die Wirkung des Rauchens auf die Gesundheit belegen. Aber die Entscheidung, mit dem Rauchen aufzuhören oder nicht, liegt ganz und gar bei ihm. Ich beziehe mich hier ausdrücklich nicht auf extreme Situationen, die die Einschränkung der persönlichen Freiheit, die Anwendung von Gewalt oder sonstige eindeutige Grenzüberschreitungen beinhalten. Das Prinzip stimmt hier zwar auch, aber es ist eine andere Dynamik im Spiel, die eine andere Betrachtungs- und Handlungsweise erfordert. In solchen Situationen steht an erster Stelle der Selbstschutz, zum Beispiel durch eine räumliche Trennung von der Person, die mich bedroht. Erst wenn ein Mensch in einem grundsätzlich sicheren und geschützten Raum ist, hat er die nötigen Voraussetzungen, um sich mit inneren Themen zu befassen, die zur Entstehung dieser destruktiven Lebenssituation beigetragen haben können. In „normalen" Beziehungskonflikten ist es aber so, dass ich nicht verantwortlich bin für Entscheidungen, die der Andere trifft. Das zu akzeptieren, kann sehr ambivalent sein. Auf der einen Seite bedeutet es eine riesige Erleichterung, auf der anderen Seite kann es auch sehr verunsichern, keine Handhabe mehr zu haben. Es gibt viele Menschen, die lieber schuldig und für die ungeklärten Themen ihres Partners verantwortlich sind, als sich ohnmächtig zu fühlen.

In Paarbeziehungen existieren fast immer eine ganze Reihe von unbewussten Vereinbarungen, die das Paar miteinander trifft. Die meisten dieser Vereinbarungen haben etwas damit zu tun, einander in einer sogenannten *Komfortzone* zu halten und zu unterstützen. Komfortzonen sind nicht unbedingt angenehm. Sie sind vielmehr das Territorium unserer Möglichkeiten, das wir irgendwann eingegrenzt haben, um Ängste und (scheinbare) Gefahren zu vermeiden. Hier fühlen wir uns nicht immer wohl, aber wenigstens sicher.

Die unbewusste Vereinbarung eines Paares könnte beispielsweise so aussehen: Sie hat Ängste und Widerstände, sich mit allem auseinanderzusetzen, was mit Technik zu tun hat. Vielleicht hat sie früher ein oder mehrere frustrierende Erlebnisse gehabt, die für sie zu der Schlussfolgerung führten, sie sei technisch gesehen eine totale Niete. Er dagegen fühlt sich unsicher, soziale Kontakte herzustellen und zu pflegen. So hat es „sich eingebürgert", dass er sich um das Tanken, den Reifendruck und die Autoreparaturen kümmert, während sie die sozialen Kontakte am Laufen hält, Treffen mit Freunden vereinbart, zu denen die Partner selbstverständlich mit eingeladen sind.

Es geht jetzt nicht darum, dass es in einer Partnerschaft keine praktische Arbeitsteilung geben darf. Selbstverständlich ist es nicht nur einfacher, sondern sinnvoll, wenn jeder der Partner die Aufgaben ausfüllt, die ihm Spaß machen und leichtfallen. Aber es gibt Punkte in uns, wo wir solche Vereinbarungen nutzen, um bestimmte Erfahrungen und Herausforderungen zu vermeiden. Die damit verbundenen Ängste und Widerstände schränken unser Energiepotenzial ein und trennen uns von der Lebendigkeit und Fülle des Lebens.

Eine extreme schwierige Konstellation zeigt sich zum Beispiel in der Dynamik zwischen einem Alkoholabhängigen Menschen und der Coabhängigkeit seines Partners. *Coabhängig* ist ein Mensch, der das krank machende Suchtverhalten einer nahestehenden Person mitträgt. Dies geschieht einerseits durch eine gemeinsame Tabuisierung (es wird nicht darüber gesprochen, dass es ein Problem gibt) und andererseits, indem man der süchtigen Person alles abnimmt und kompensiert, was diese Person mit ihrem Schmerz und ihren Einschränkungen konfrontieren würde. Der Gewinn für den Coabhängigen ist das Gefühl der Unentbehrlichkeit, selbst zum Preis von Missachtung und Gewalt.*[46] Das Leben lässt sich auf Dauer aber leider nicht davon abhalten, sich weiter zu entwickeln, und so kommen wir immer wieder in Situationen,

in denen wir durch diese Komfortzonen herausgefordert werden. Das Leben lockt uns über die selbst gesteckten Grenzen hinaus.

Wenn wir anfangen, 100 Prozent Verantwortung für unsere Angelegenheiten zu übernehmen, geraten all diese Vereinbarungen ins Wanken und wir können uns mit unseren angstbesetzten und untrainierten inneren Anteilen nicht mehr einfach bequem auf den Partner stützen.

Es erfordert also eine grundlegende Entscheidung, sich ganz ins Leben zu stellen und den alten inneren Selbstbegrenzungen zu begegnen. Der Lohn ist eine wesentlich größere Lebendigkeit, das Gefühl von Kraft und Kompetenz sowie eine neue Lust am Leben.

Intimität und Freiheit

Das Gleichgewicht von Sicherheit, Intimität und Freiheit ist in einer Paarbeziehung ein sehr sensibles Thema. Es gibt in jedem Menschen ein Grundbedürfnis sowohl nach Sicherheit als auch nach Freiheit. Intimität können sich die meisten Menschen nur im Verbund mit Sicherheit und Verbindlichkeit vorstellen. Freiheit und Intimität scheinen demnach zwei Grundenergien zu sein, die einander widersprechen. So ist es in einer Paarbeziehung, die ja in ihrer Verbindlichkeit zunächst einmal ein Ausdruck von Intimität verbunden mit einem Gefühl von Sicherheit ist, oft schwer, ein gesundes Gleichgewicht zwischen diesen beiden Grundbedürfnissen zu erschaffen.

Manche Paare sind ein Leben lang zufrieden mit der Sicherheit, die eine intime, verbindliche Paarbeziehung mit sich bringt. Jeder Mensch hat aufgrund seiner Veranlagungen und Geschichte eine bestimmte Präferenz und Ausprägung innerhalb des Spektrums von Sicherheit/Intimität und Freiheit. Und dieses Spektrum kann sich im Laufe des Lebens verändern.

Wenn eine Beziehung lange währt, durchläuft sie verschiedene Phasen und im glücklichen Fall wird die Möglichkeit und Fähigkeit sowohl für die Intimität als auch zur Freiheit immer größer, je weiter ein Paar gereift ist.

Um Intimität entwickeln zu können, brauchen wir, besonders zu Anfang einer Beziehung, eher einen geschützten Raum, in dem wir uns kennenlernen und eine Basis des Vertrauens entwickeln. Für die meisten von uns ist das noch das geringste Problem, da man am Anfang einer Beziehung zumeist das Bedürfnis hat, möglichst viel und ausschließlich Kontakt miteinander zu pflegen. Auch hier gibt es natürlich Abstufungen und Ausnahmen.

Die erste Zerreißprobe gibt es häufig, wenn die ungelösten inneren Anteile anfangen, innerhalb der Beziehung ans Licht zu kommen. Dann wird gerne auf eine Freiheit gepocht, die jedoch eigentlich Ausdruck einer Vermeidungsstrategie ist, nicht tiefer schauen und fühlen zu wollen.

Auch die Phase der Mutterschaft ist in Bezug auf das Thema Freiheit eine besondere Lebensphase. Als frisch gebackene Mutter sind Frauen in mehrerlei Hinsicht in einer extrem sensiblen Verfassung. Die Hormone sind im Umbruch, wir sind häufig angestrengt, fühlen uns allein und überfordert durch all die neuen Eindrücke, Empfindungen, Herausforderungen, Grenzerfahrungen und Verpflichtungen. Es ist mehr als verständlich, dass wir in dieser Phase und den darauf folgenden Jahren der Kindererziehung von kleinen Kindern, die von uns abhängig sind, auf verlässliche Unterstützung angewiesen sind. Unsere westliche Gesellschaftsstruktur hat die Lebensform der Großfamilie abgeschafft und lebt in Parzellen von Kleinfamilien. Ohne den alten Zeiten nachtrauern zu wollen, muss man sich klarmachen, dass heutzutage von zwei Personen etwas erwartet wird, was früher ein ganzer Clan bewerkstelligt hat. Der Mann ist für die Frau in dieser Lebensphase oft die einzige verlässliche Unterstützung – und zwar materiell wie emotional, sodass bei der Frau leicht ein extremes Gefühl von Angst und Abhängigkeit entsteht. Der Partner ist in einer solchen Situation irgendwann überfordert, und es kommt zu Fluchttendenzen. Viel leichter wäre es, wenn es neue, unserer heutigen Zeit angemessene Lebensgemeinschaften gäbe. Solche Gemeinschaften könnten Frauen in dieser Lebenssituation mittragen und ihnen das

Gefühl vermitteln, von mehr als einer einzigen Person, mit der es in dieser Phase darüber hinaus häufig noch besonders schwierig ist, unterstützt zu werden. Zu der Überforderung auf der materiellen und emotionalen Ebene kommt, dass wir durch die Geburt von leiblichen Kindern mit unserer eigenen Kindheit konfrontiert werden. Das geschieht ganz automatisch. In dieser Situation, wo ein junges Elternpaar eine der größten Verantwortungen auf sich nimmt, werden beide Partner häufig von alten Kindheitsgefühlen überschwemmt. Das Ausmaß hängt natürlich von der eigenen Kindheitsgeschichte ab, wie viel man selbst bereits für sich aufgearbeitet hat und ob man gerade das erste oder das vierte Kind bekommen hat.

Die Freiheit ist, wie die Liebe, eine Grundqualität menschlichen Seins. Wir brauchen Freiheit, um uns entfalten zu können. Wir entwickeln uns kollektiv gerade auf ein Bewusstseinsstadium zu, in dem Freiheit und Liebe sich vereinen und keinen Widerspruch mehr bedeuten müssen.

Wie ein Paar mit dieser überwiegenden Polarität umgeht, ist eine ganz individuelle Frage. Eine wichtige Voraussetzung dafür ist es, zunächst ehrlich mit sich selbst zu sein und nicht Konzepten und Prinzipien zu folgen. Konzepte können auf der einen Seite ein unreflektierter Anspruch an Monogamie sein oder im anderen Extrem ein Plädoyer für die freie Liebe, die keinen Raum für Bedürfnisse nach Schutz und Sicherheit lässt. Es ist hilfreich, diese aktuellen Standpunkte miteinander zu teilen und auch immer wieder zu hinterfragen, wenn neue Situationen, Entwicklungsphasen oder innere Erkenntnisse ein „Update" in uns und unserer Beziehung erfordern.

Auf einen besonderen Aspekt möchte ich in diesem Zusammenhang noch eingehen: Erinnern Sie sich an meinen metaphysischen Exkurs aus dem ersten Kapitel? Es ging um das wahre Wesen des Menschen, seine Begrenzungen als Geschöpf und um die schöpferische Energie auf der Ebene seines höheren Selbst.

Ich möchte in diesem Zusammenhang noch einmal drei Fragen aufwerfen: Wenn es stimmt, dass in der Essenz von allem, was existiert, überall das Eine, Selbe lebt – wer ist dann am Ende ein Anderer im Außen? Wenn ich eine individualisierte Form dieser einen schöpferischen Essenz des Lebens bin, wer ist dann der Schöpfer meiner Realität – inklusive meiner Beziehungen? Und wenn ich in meinem tiefsten Wesen Liebe bin, was brauche ich dann im Außen und was hat es mit der einen besonderen Person auf sich, die ich liebe und mit der ich in einer Paarbeziehung lebe?

Es gibt viele Theorien darüber, warum wir uns in jemanden verlieben. Die Gehirnforschung hat in den letzten Jahrzehnten viel zu diesem Thema beigetragen, wobei die Chemie und die Hormone eine herausragende Rolle in diesem Prozess spielen.*[47] Des Weiteren gibt es verschiedenste Theorien, über Karma und Seelenverwandtschaft und vieles mehr.

Tatsache ist, dass wir uns herkömmlicherweise in unserem Leben in nur einige oder sogar ganz wenige Menschen wirklich verlieben. Es gibt sicher auch immer wieder Momente, die auf besondere Weise so schön und erhaben sind, dass sie das Gefühl von Liebe in uns stimulieren. Das kann der berühmte Sonnenuntergang am Mittelmeer sein, ein Musikstück oder Kunstwerk, welches uns auf besondere Weise berührt oder die Betrachtung von Menschen oder Tieren in versunkenen, intimen Momenten. Diese Situationen sind kurze Augenblicke, die wir mit Freude und Dankbarkeit erfahren und die uns vielleicht einen Tag versüßen. Sie können auch immer wieder in der Erinnerung aufblitzen und uns mit dem Gefühl der Liebe in uns verbinden. Diese Erfahrungen sind jedoch zumeist frei. Das Verliebtsein in einen bestimmten Menschen ist jedoch eine tief greifende Erfahrung, die uns über längere Zeit in Atem hält. Längerer intimer Kontakt, sei es sexuell, emotional oder materiell, führt zu einer Bindung an die geliebte Person. Das kann so weit gehen, dass wir das Phänomen des „In-Liebe-Seins" mit dieser ganz bestimmten Person in Verbindung bringen. Das wiederum führt zu der Schlussfolgerung, dass wir meinen, genau diese bestimmte Person zu brauchen, um in Liebe sein zu können. Auf diese Weise können sehr leicht Abhängigkeiten entstehen, die über eine gesunde Intimität und die natürlichen Bindungsprozesse hinausgehen.

In Wirklichkeit ist es so, dass die Liebe immer in uns ist. Sie ist wie der blaue Himmel, der immer da ist, aber je nach Großwetterlage von vorüberziehenden Wolken in Form von Ängsten, Emotionen oder Ähnlichem bedeckt wird. Je weiter wir in unserem wahren Wesen erwachen, desto mehr erleben wir uns selbst in einem Grundempfinden von Liebe als unserem natürlichen Seins-Zustand. Wenn das geschieht, lösen sich nach und nach die alten Abhängigkeiten von bestimmten Personen und die Liebe zu unserem Partner ist immer noch etwas ganz Besonderes, aber frei.

Ein Blick auf die äußere Ebene

Wie ich am Anfang bereits gesagt habe, ist das Thema Beziehung im Allgemeinen und das Thema Paarbeziehung im Speziellen eine äußerst vielschichtige Angelegenheit. Bisher war mein Augenmerk auf die innere Ebene von Beziehungen gerichtet – die allgemeine Ebene des Erschaffens, die inneren Ursachen für Beziehungsthemen und der eigenverantwortliche Umgang mit Beziehungsthemen und Konflikten.

Gleichwohl ist es auch hilfreich, sich äußere Gesetzmäßigkeiten zu vergegenwärtigen und auf der äußeren Ebene zu schauen, was für eine Beziehung hilfreich sein kann.

Wenn unser Ego, im Verbund mit den Emotionen, erst einmal so richtig in Fahrt ist und selbstgerecht auf der Welle des eigenen Opferdaseins schwimmt, kann sich das zu einer Gewohnheitshaltung zwischen Paaren etablieren, und man verliert aus den Augen, was mir und uns eigentlich guttäte.

Es gibt viele Ratgeber, die ausgeklügelte Strategien entwickelt haben, wie man im Falle eines Streits oder einer Krise verfahren sollte. Das ist auch eine gute Sache, denn wie Sie sicher alle schon gemerkt haben, kann man in solchen Situationen manchmal dringend einen hilfreichen Ratschlag gebrauchen. Das Problem ist leider: Wenn der Streit erst einmal da ist, kostet es unglaublich viel Kraft (wenn es überhaupt klappt), in konstruktiven Bahnen zu bleiben.

Deshalb ist es einerseits gut, Strategien in der Hinterhand zu haben – falls man es schafft, sie anzuwenden –, und gleichzeitig ist es mindestens genauso wichtig, die Beziehung an einer Stelle zu stärken, wo sowieso gerade alles in Ordnung ist, nämlich in Zeiten von Harmonie und Frieden.

Auf einer Basis von Liebe und Vertrauen lassen sich Streitereien oder Krisen viel besser bewältigen als in einem zerrütteten und verunsicherten Grundzustand.

Der Arzt und Wissenschaftler John Gottman hat zu diesem Thema geforscht und aus seinen Laborversuchen mit Paaren wertvolle Erkenntnisse gezogen.*[48] Er hat sieben Geheimnisse einer glücklichen Beziehung herausgearbeitet. Ich werde in diesem Rahmen nur einen groben Abriss über diese „Geheimnisse" geben und Sie können, bei Interesse die Materie gerne vertiefen, indem Sie Gottmans Buch lesen:

1. Den Partner gut kennen. Das zeigt sich zum Beispiel, indem man Interesse an inneren Themen, an Vorlieben und Abneigungen sowie Überzeugungen und Hobbys des Partners äußert.

2. Die Pflege von Zuneigung und Bewunderung. Das bedeutet Zuneigung und Bewunderung nicht nur zu fühlen, sondern auch zum Ausdruck zu bringen. Zum Beispiel: „Ich finde, Du siehst heute wieder umwerfend aus!" oder „Danke, dass Du heute die Kinder abgeholt hast." Hier ist es hilfreich, sich die positiven Eigenschaften des Partners vor Augen zu halten.

3. Sich einander zuwenden, anstatt sich abzuwenden. Das ist besonders in einem gemeinsamen Alltag wichtig, wo verselbstständigte Abläufe, auch im Kontakt miteinander zu zunehmender Oberflächlichkeit in der Begegnung führen. Man meint, immer schon zu wissen, was der andere tut, wie er denkt und reagiert. Es ist ratsam, Aufmerksamkeitsangebote zu machen, die Gefühle des Partners zu verstehen und Unterschiede zu respektieren.

4. Lass Dich von Deinem Partner beeinflussen. Ein großes Thema in Paarbeziehungen ist die Verteilung von Macht. Für eine

gesunde Partnerschaft ist es wichtig, zu lernen, Zugeständnisse zu machen und Kompromisse zu schließen. Gottman hat herausgefunden, dass es häufig Männer sind, die Schwierigkeiten damit haben, Macht abzugeben in der Beziehung, und dass die Scheidungswahrscheinlichkeit auf 81 Prozent steigt, wenn einer der Partner die Macht allein auf seiner Seite halten möchte.

5. Lösbare Probleme lösen. Gottman unterscheidet zwischen zwei Arten von Problemen. Die lösbaren und die unlösbaren. Lösbare Probleme lassen sich durch Kompromisse und Zugeständnisse klären. Häufig sind Paare so sehr damit beschäftigt, Streit möglichst zu vermeiden, dass sie selbst die lösbaren Probleme so lange aufschieben, bis es zu einer Explosion führt. Wenn es erst einmal so weit gekommen ist, wird es schwierig, da, wie Gottman untersucht hat, alle Diskussionen in ihrer emotionalen Qualität so enden, wie sie angefangen haben. Auch für eine solche Situation hat er erforscht, wie Paare ein Problemgespräch am besten angehen können:

~ Hilfreich ist ein sogenannter sanfter Auftakt. Das bedeutet, dass man seine Klage in einer Ich-Botschaft vorbringt: Ein Beispiel „Es ärgert mich, dass ich selbstverständlich immer den Müll rausbringen soll", anstatt zu beschuldigen „Nie bringst Du den Müll raus". Gottman empfiehlt, dabei möglichst höflich zu bleiben, zu beschreiben statt zu verurteilen. Das, was man zu sagen hat, möglichst positiv auszudrücken und vor allem, nichts aufzuschieben.

~ Des Weiteren empfiehlt er, sogenannte Rettungsversuche anzunehmen oder zu machen. Ein Rettungsversuch ist eine Aktion, die die Spannung in einem Konflikt, der sich gerade emotional zuspitzt, herausnimmt oder abschwächt. Das kann ein kleiner Scherz sein, eine Umarmung oder irgendetwas Verrücktes wie sich eine Clownsnase aufsetzen oder etwas Vergleichbares.

~ Dann ist es hilfreich, sich immer wieder gegenseitig zu beruhigen und zur Not dafür auch einmal eine Weile auseinanderzugehen.

~ Man sollte darüber hinaus bereit sein, Kompromisse einzugehen, und dafür auch die Meinung des Partners ernsthaft in Betracht ziehen.

Da niemand perfekt ist, ist es von Vorteil, die Fehler des Anderen zu tolerieren und nicht jede Gelegenheit zu nutzen, um darauf herumzuhacken.

6. Überwinden von Pattsituationen. Pattsituationen entstehen entweder durch emotional aufgeladene, lösbare Probleme oder durch unlösbare Probleme. Unlösbare Probleme sind all jene Differenzen, die mit den Zielen und Idealen zusammenhängen und dem Partner ein Gefühl von Identität und Sinn im Leben geben. Hier sind Kompromisse oft nur bedingt möglich. Meist verbergen sich hinter diesen Wünschen tiefe existenzielle Bedürfnisse, wie zum Beispiel in dem Wunsch nach Geld ein starkes Bedürfnis nach Sicherheit liegen kann. Diese Ziele und Ideale werden dann zum Problem, wenn sie entweder im Verborgenen liegen oder vom Partner nicht gewürdigt werden. Vielleicht sind die Ideale auch so weit voneinander entfernt, dass es keine gemeinsame Grundlage zu geben scheint.

Hilfreich ist es, sich erst einmal klar zu werden über das vordergründige Ziel und das eventuell dahinter liegende Bedürfnis. Das erfordert Ehrlichkeit und Mut.

Im Anschluss daran ist es wichtig, mit dem Partner zu kommunizieren. Der Partner sollte dabei Interesse und Verständnis zeigen, gegebenenfalls finanzielle Unterstützung anbieten und wenn das möglich ist, Teil des Traumes werden.

Auch hier ist es hilfreich, einander zu beruhigen.

Die Pattsituation kann man dadurch beenden, dass man zeitlich befristete Kompromisse schließt, eine Haltung von gegenseitiger Dankbarkeit einnimmt und sich gemeinsam auf das Gute in der Beziehung besinnt.

Ein Beispiel: Vielleicht möchte mein Partner unbedingt nach Australien auswandern und ich kann mir das für mich aber überhaupt nicht vorstellen. Hier wäre ein möglicher befristeter Kompromiss, zu beschließen, dass er für einen Zeitraum von einem halben bis einem Jahr eine Stelle in Australien annimmt und man dann am Ende dieser Frist gemeinsam noch einmal neu verhandelt.

7. Als letztes Geheimnis empfiehlt John Gottman, einen gemeinsamen Sinn in der Paarbeziehung zu schaffen. Je mehr Einigkeit es über grundlegende Dinge gibt, desto reicher wird die Beziehung. Dabei ist es hilfreich, eine gemeinsame Lebenskultur zu schaffen, in der beide Partner gleichberechtigt sind und Elemente wie Rituale und Gewohnheiten einbringen.

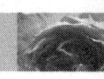

All diese Anregungen können hilfreich sein, um ein Klima von Liebe, Freundschaft und gegenseitigem Respekt in einer Paarbeziehung zu etablieren. Gleichwohl sollte man immer aufmerksam sein, dass solche Ratschläge nicht in starre Konzepte mutieren. Vielleicht bin ich gerade sehr wütend auf meinen Partner und versuche mit aller Gewalt, gegen mich selbst höflich und positiv zu sein. Das geht leider zumeist nach hinten los. Die Liebe im Allgemeinen und eine Paarbeziehung im Besonderen sind ein lebendiger Organismus, dessen Wahrheit sich immer wieder im Moment entfaltet.

Männer und Frauen sind unterschiedlich

Neben der Tatsache, dass jeder Mensch einerseits ähnliche Entwicklungsbedürfnisse hat, andererseits aber eine ganz individuelle Geschichte, darf man mit Blick auf das Thema Paarbeziehung nicht außer acht lassen, dass Männer und Frauen sich auch in ihrem Wesen unterscheiden. Natürlich füllt jeder Mensch diese geschlechtlichen Eigenarten auf individuelle Weise aus. Es gibt Männer, die mehr weibliche Anteile haben als der „normale Durchschnittsmann", und bei Frauen ist es genau das Gleiche in Bezug auf ihre männliche Energie.

Die Unterschiede ergeben sich aus genetischen und hormonellen Aspekten sowie aus der Sozialisierung in einer bestimmten Kultur und der Historie der Spezies Mensch, auf die ich in vergangenen Kapiteln eingegangen bin.

Es gibt einen alten Kampf zwischen Männern und Frauen, der damit zu tun hat, wer Recht hat und wer nicht. Über diesen Zwiespalt hat es viel Leid gegeben – sowohl im Großen, als gesellschaftliche Bewegungen, wie zum Beispiel in einseitig patriarchalisch oder matriarchalisch geprägten Kulturen, wie auch im alltäglichen Miteinander zwischen Männern und Frauen.

Während die Männer in unserer Gesellschaft immer noch tendenziell am längeren Hebel der Macht sitzen und es zum Teil eine Haltung von Herablassung dem Weiblichen gegenüber gibt, hat sich auf der anderen Seite so etwas wie ein moralische Überlegenheit der weiblichen Werte etabliert. Diese moralische Überlegenheit bringt so manchen sensiblen Mann ins Grübeln und führt zu Selbstzweifeln und Verwirrung.

Eine wirklich neue evolutionäre Entwicklung ist es, dass nach und nach und bisher noch eher tröpfchenweise durchsickert: Diese Unterschiede gehören zur Natur des Mensch-Sein dazu. Und die verschiedenen Energien bereichern und ergänzen sich gegenseitig. Anstatt sich zu bekämpfen und überzeugen zu wollen, dass das Eigene das Richtigere ist, scheint es wesentlich konstruktiver, die Unterschiede anzuerkennen und bei sich und dem Partner anzunehmen. Man kann dabei voneinander lernen, von den Qualitäten des Anderen profitieren und schließlich die Unterschiede feiern und sich aneinander erfreuen.

Was also führt eine Beziehung zum Gelingen?

Je nachdem, von welcher Ebene wir schauen, haben wir das Gelingen unserer Beziehungen entweder kaum in der Hand, teilweise in der Hand oder sind, am anderen Ende des Spektrums, sogar Schöpfer dessen, was in unseren Beziehungen geschieht.
Die meisten von uns haben bisher erst einen begrenzten Zugang zum kausalen schöpferischen Potenzial unseres höheren Selbst. Das ist auch ganz natürlich, denn zum Spiel hier auf der Erde gehört ja gerade die Erfahrung und Überzeugung des Begrenzt- und Getrenntseins von dieser Ebene, und erst das Ziel des Spiels ist die Befreiung.

Wir haben einen Zugang zu unserer Persönlichkeit und, mehr oder weniger bewusst, den Kontakt zur individuellen Qualität unserer Seele. Unsere Seele wiederum ist in ihrer Essenz gespeist von der kosmischen Kraft des höchsten Bewusstseins.

Auf der Ebene unserer Persönlichkeit können wir unsere Beziehungen durch bewusste Strategien, wie sie zum Beispiel in den 7 Geheimnissen von John Gottman oder in verschiedensten Kommunikationstechniken angeboten werden, unterstützen. Darüber

hinaus ist es aber auf Dauer viel entspannter und auch effektiver, wenn wir uns mit unserer individuellen und kollektiven Entwicklungsgeschichte auseinandersetzen und die Aspekte in uns aufspüren und erlösen, die einer fruchtbaren Beziehung bisher im Wege gestanden haben. Dieser Ansatz wird in jedem Fall auch den Bereich unserer Seele mit beeinflussen. Wie tief greifend das geschieht, hängt davon ab, welche Dimensionen unseres Daseins in die innere Arbeit mit einbezogen werden. Bleiben wir im Bereich unserer persönlichen Entwicklungsgeschichte oder beziehen wir systemische Aspekte, die kollektive Entwicklung unserer Gesellschaft, die menschliche Historie allgemein und vielleicht sogar seelische Erfahrungen und Erinnerungen aus vergangenen Inkarnationen mit ein?

Ein wichtiges und oft unterschätztes Element der Beziehungspflege ist es, Zeiten für Freude, Entspannung und Genuss als Paar zu reservieren. Je mehr eine Paarbeziehung im Kreislauf der alltäglichen Verpflichtungen angekommen ist, desto mehr Bewusstheit braucht es, sich diese Zeiten zu erschaffen. Ob es Zeiten zu zweit oder mit Freunden sind, ist dabei fast sekundär. Solche Auszeiten aus dem Alltagstrott können Oasen sein, in denen wir als Paar auftanken und das gemeinsame Fundament stärken.

Abgesehen von allen inneren und äußeren Bemühungen ist es hilfreich, sich der Zeichen der Zeit bewusst zu sein und auf alte Bewertungen, die unsere Erfahrungen mit Etiketten wie „Gelingen" und „Versagen" versehen, zu verzichten oder diese zumindest zu hinterfragen. Wir leben gerade in einer Zeit der evolutionären Beschleunigung des Bewusstseins. Unser Leben ist von tief greifenden Auf- und Umbrüchen gekennzeichnet, die sowohl auf der inneren wie auf der äußeren Ebene, dramatische Ausmaße annehmen können.

Selbst wenn wir die alten Formen des Zusammenlebens weiter in uns tragen, die uns ein Gefühl von Sicherheit und Halt geben, wirkt sich diese evolutionäre Beschleunigung auch auf die Zeitspanne unserer Erfahrungen aus. Das führt dazu, dass althergebrachte Lebensformen zunehmend weniger in die Zeit passen.

Deswegen sollte man nicht gleich ein Gefühl von Versagen entwickeln, wenn eine Beziehung auseinandergeht. Für manche Menschen ist es der stimmige Weg (aus der Warte des höchsten Bewusstseins betrachtet), ein Leben mit einem einzigen Partner zu gehen und gemeinsam zu reifen. Andere Seelen haben sich vielleicht vorgenommen, die Zeit zu nutzen, um möglichst viel aufzuräumen und alte, ungelöste Beziehungen zu einem guten Abschluss zu bringen. Wieder andere wollen auf dem Weg von Beziehungen etwas über Freiheit lernen. Es geht hier nicht um Beliebigkeit. Eine Paarbeziehung ist ein kostbarer Schatz der Liebe mit einem immensen Wachstumspotenzial. Wenn das Thema einer Trennung im Raum steht, kann jeder in seiner inneren Tiefe merken, ob er etwas mit einem guten und friedvollen Gefühl abgeschlossen hat und dadurch auf einer neuen Ebene offen ist für neue Möglichkeiten und Erfahrungen oder ob er vor den Tiefen seines alten unerlösten Schmerzes oder sogar der Liebe selbst davonläuft.

Spätestens wenn wieder einmal „alle Männer gleich sind", sollte man/frau vielleicht einmal innehalten und sich fragen, wer der Protagonist innerhalb der erlebten Wiederholungen ist.

Intermezzo:
Releasingsätze zum Thema „Paarbeziehung"

~ Ich lasse los alle Angst davor, mich so zu zeigen, wie ich bin.
~ Ich lasse los die Angst davor, zurückgewiesen zu werden, wenn ich mich zeige, so wie ich bin.
~ Ich lasse los alle Gefühle der Minderwertigkeit als Frau.
~ Ich lasse los alle alten Programmierungen, wie ich sein muss, um als Frau attraktiv zu sein.
~ Ich lasse los die Notwendigkeit, mich zu verstellen.
~ Ich lasse los alle Hoffnungslosigkeit darüber, jemals den richtigen Partner zu finden.
~ Ich lasse los die tiefe Überzeugung, dass ich nur mit .... (betreffenden Namen einfügen) glücklich sein kann.
~ Ich lasse los die Entscheidung, nie wieder einen anderen Mann zu lieben.

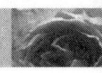

~ Ich lasse los die Überzeugung, dass ich nur lieben kann, wenn ich einen Mann habe.

~ Ich lasse los die Überzeugung, dass ich nur in Liebe sein kann, wenn .... bei mir ist.

~ Ich lasse los die tiefe Überzeugung, keine Liebe von Männern mehr verdient zu haben.

~ Ich lasse los, die alte Überheblichkeit den Männern gegenüber im Matriarchat.

~ Ich lasse los alle alte Selbstverurteilung und Selbstbestrafung in meiner Seele.

~ Ich lasse los, vor der Liebe der Männer davonzulaufen.

~ Ich lasse los alle alten Programmierungen, dass ich den Männern nicht vertrauen kann.

~ Ich lasse los das Programm, dass die Männer schlecht sind.

~ Ich lasse los die Angst und Erwartung, verletzt zu werden, wenn ich mich öffne.

~ Ich lasse los den alten Herzschmerz darüber, verlassen worden zu sein.

~ Ich lasse los das Misstrauen gegen die Liebe.

~ Ich lasse los alle Entscheidungen, mein Herz zu verschließen, um mich zu schützen.

~ Ich bitte darum, dass alle Blockaden, die auf meinem Herzen liegen, aufgelöst und geheilt werden.

~ Ich lasse los alle Entscheidungen, nie wieder mein Herz zu öffnen und der Liebe keine neue Chance zu geben.

~ Ich treffe jetzt eine neue Entscheidung und gebe der Liebe eine neue Chance in meinem Leben.

~ Ich lasse los alle Auswirkungen davon, dass ich mich als Frau im Patriarchat in einer Paarbeziehung nicht frei entfalten konnte.

~ Ich lasse los allen Hass, alle Gefühle von Hoffnungslosigkeit, Ausweglosigkeit und alle Resignation von damals.

~ Ich lasse los alle alte Bitterkeit, als Frau im Patriarchat in einer Paarbeziehung zu leben.

~ Ich lasse los den alten Hass auf die Institution Ehe.

~ Ich lasse los die Entscheidung, mich nie wieder auf eine Paarbeziehung einzulassen.

~ Ich lasse los das alte Gefühl, in eine Falle zu geraten und wieder unfrei zu sein, wenn ich mich auf eine Beziehung einlasse.

~ Ich lasse los die Auswirkungen davon, dass ich von Männern missachtet und gedemütigt wurde im Patriarchat.

~ Ich lasse los meinen Hass und Groll gegen die Männer.

~ Ich lasse los meine alte Unversöhnlichkeit den Männern gegenüber.

~ Ich lasse los alle Identifikation mit dem alten Kampf der Geschlechter.

~ Ich lasse los die Angst und die Erwartung, dass die Männer meine Verletzlichkeit zu ihrem Machtvorteil ausnutzen, wenn ich mich öffne.

~ Ich lasse los das alte Programm vom Matriarchat, niemals den Männern zu vertrauen.

~ Ich lasse los alle Angst, all meine Sicherheit zu verlieren, wenn ich mir erlaube, frei zu sein.

~ Ich lasse los die alte Erfahrung der materiellen Abhängigkeit von einem Mann in allen betreffenden vergangenen Leben und aus der kollektiven Ebene.

~ Ich lasse los die tiefe Überzeugung, dass ich mich zwischen der Liebe und der Freiheit entscheiden muss.

~ Ich lasse los die Angst, meine Sicherheit zu verlieren, wenn ich die Freiheit wähle.

~ Ich lasse los die Angst, die Liebe zu verlieren, wenn ich die Freiheit wähle.

~ Ich lasse los alle Angst vor der Unsicherheit und Verletzlichkeit, wenn ich die Liebe wähle.

~ Ich lasse los alle Angst und Unsicherheit vor den Unterschieden zwischen den Männern und Frauen.

~ Ich lasse los alle Hoffnungslosigkeit, jemals Frieden und gegenseitige Achtung zu erfahren.

~ Ich lasse los alle Notwendigkeit, meinen Partner zu bekämpfen, um nicht in eine unterlegene Position zu geraten.

~ Ich lasse los das alte Programm, dass nur einer Recht haben kann.

~ Ich lasse los das alte Muster, verbissen um mein Recht zu kämpfen.

~ Ich lasse los das Gefühl, verloren zu haben, wenn das Recht nicht eindeutig auf meiner Seite ist.

~ Ich lasse los die alte Wut auf meinen Partner.

~ Ich lasse los das Gefühl, nicht gesehen zu werden.

~ Ich lasse los alle Gefühle der Ohnmacht und Hilflosigkeit darüber.

10. Kapitel
Sexualität – die Wiederentdeckung der körperlichen Erfüllung

Unsere sexuelle Energie ist die Wurzel unserer Lebenskraft. Wenn diese Kraft in ihrer natürlichen Form präsent und im Fluss sein darf, sind wir im Kontakt mit der lebendigen Energie und der ekstatischen Natur unseres Wesens. Die sexuelle Kraft drückt sich sowohl ganz konkret als sexuelles Empfinden in uns aus, bildet darüber hinaus aber auch die Grundlage für unseren energetischen Grundzustand. Dies schließt das Empfinden von Energie in den Bereichen der oberen Chakren mit ein. Man könnte sagen, dass die sexuelle Energie der „Energiereaktor" unseres gesamten Systems ist.

Wenn die sexuelle Kraft frei fließt, verbindet sie in uns den Kontakt zur Erde mit dem Empfinden von Lust, mit der Liebe, die in unserem Herzen fließt, und sogar mit der kosmischen und geistigen Ebene unseres Wesens. Sie wird in den oberen Chakren unseres Systems dann zwar nicht mehr als sexuelle Lust im genitalen Sinn empfunden, aber es ist dennoch dieselbe Energie, die sich entsprechend dem Ort ihrer Aktivierung auf spezifische Weise anfühlt. Menschen mit viel Erfahrung und Praxis in tantrischen Techniken, berichten zum Beispiel von orgasmischen Empfindungen im Gehirn. Und es können natürlich auch alle anderen Ebenen gleichermaßen aktiviert sein. Ich kann mich kraft- und lustvoll in meinen Wurzeln fühlen, gleichzeitig überfließen von Liebe und dazu noch im visionären Kontakt mit der lichtvollen Präsenz der geistigen, kosmischen Energie sein.

In der Realität ist es leider so, dass sehr viele Menschen ein zumindest ambivalentes, wenn nicht sogar ein problematisches

Verhältnis zu ihrer sexuellen Natur haben. Besonders Frauen (die Männer haben ihre eigene Thematik in diesem Bereich) erleben Sexualität, wenn vielleicht nicht durchgängig, so doch immer wieder als Belastung, Leistungsdruck, Überforderung, vielleicht sogar als Grenzüberschreitung. Oder wir erleben das Gefühl von Abhängigkeit. Häufig sind diese Erfahrungen verbunden mit Empfindungen von Angst, Trauer, Ohnmacht, Taubheit, Wut, Einsamkeit und Ähnlichem.

Woher kommt das – und was kann man beziehungsweise frau tun, um sich aus diesen alten Blockaden zu lösen und endlich wieder frei, freud- und lustvoll zu lieben und im Leben stehen zu können?

Der wichtigste Schritt ist, dass wir uns unseren weiblichen und individuellen Zugang zur Sexualität zurückerobern. Nur wenn wir wissen, wie wir fühlen, was uns guttut, wie unsere Sexualität „funktioniert", können wir die Erfahrung von selbst bestimmter Hingabe machen, die unser ursprüngliches ekstatisches Potenzial befreit Auch bei diesen Themen ist es hilfreich, noch einmal einen kurzen Blick auf die verschiedenen Ursachen zu werfen, die unseren Zugang zur sexuellen Energie bisher blockiert haben.

Historische und kulturell-gesellschaftliche Ebene

Wie wir inzwischen wissen, ist unsere westliche Gesellschaft immer noch stark vom patriarchalischen Paradigma geprägt. Das patriarchalische Bild über die Frau sitzt tief verwurzelt in unseren Körperzellen, in unseren Genen und dem Unterbewusstsein.

Es gibt, selbst wenn wir uns dessen nicht bewusst sind oder sogar vehement das Gegenteil behaupten, immer noch die Programmierung über die Ursünde in uns – wenigstens im Bereich des kollektiven Feldes. Sie erinnern sich: Eva, die Böse ... Aus dieser Geschichte ergibt sich, dass die Frau minderwertig, schlecht und gefährlich ist. Das Gefährliche in uns ist die ungezügelte und unkontrollierbare sexuelle Kraft.

Aus den uralten Programmierungen heraus hat sich eine tiefe innere Spaltung in den meisten Frauen entwickelt, die auch ihren Eingang in psychologische Lehrmeinungen gefunden hat. Man nennt diese Spaltung *die Heilige und die Hure.**49

Die „Hure" ist zwar einerseits in Kontakt mit der urtümlichen Kraft ihrer weiblichen Natur, trägt aber immer das Stigma des Schlechtseins in sich und gilt gemeinhin als gefährlich. Der Preis für das Bewahren jener Kraft bedeutet für die „Hure" eine Existenz am Rande der Gesellschaft, die Erfahrung, gemieden und verachtet zu sein. Diese Erfahrung führt zu Wut, Trotz, aber auch Trauer, Bitterkeit und Einsamkeit in diesen Frauen.

Die „Heilige" dagegen ist die gute (Ehe-) Frau und Mutter. Sie hat ihre wilde weibliche Urkraft unterdrückt und verleugnet. Sie ist gesellschaftlich anerkannt, wird geachtet und sogar verklärt. Der Preis für sie ist oftmals ein Gefühl von Kraftlosigkeit und innerer Leere sowie der tendenzielle Verlust von Kreativität und Lebendigkeit. Diese Frauen fühlen sich verbittert und tragen einen permanenten unterdrückten Groll in sich, den sie dann wiederum gegen sich selbst richten, da diese Empfindungen ihrer Heiligkeit abträglich sind. Außerdem besteht verstärkt die Gefahr, dass sich die unterdrückte Energie in Krankheitssymptomen zeigt. Es kann zu Migräne, somatogenen oder neurotischen Störungen, wie beispielsweise Angst- oder Zwangsstörungen, kommen.

Ich möchte keine Frau, die unter solchen Symptomen leidet, darauf reduzieren, dass sie ein Problem mit ihrer Sexualität hat. Es lohnt sich jedoch, diesen Aspekt bei der Ursachenforschung und Behandlung mit in Betracht zu ziehen.

Die meisten Frauen tragen beide Anteile in sich, aber es ist zumeist einer der beiden Pole, mit dem sie sich identifizieren und der für die Welt besonders sichtbar ist. Es kann auch sein, dass die Identifikation mit einem der Pole sich im Lauf des Lebens verschiebt. Zum Beispiel durch Krisen, veränderte Lebensumstände oder im Rahmen der natürlichen Lebensphasen im Leben einer Frau, wobei die Mutterschaft und später die Wechseljahre dabei eine tragende Rolle spielen. Beide Phasen sind durch starke

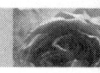

Einflüsse der Hormone geprägt. Während die Mutterschaft Aspekte unseres Sein hervorhebt, die mit Sorgen, Lieben und sich zugunsten der Bedürfnisse des/der Kindes/r zurücknehmen zu tun hat, verschiebt sich das hormonelle Gleichgewicht im Laufe der Wechseljahre dahingehend, dass unser individueller Selbstausdruck mehr und mehr an Wichtigkeit gewinnt. Was, jetzt einmal nur auf die Frau geschaut, gemeinhin als „Midlife-Crisis" bezeichnet wird, hat auch mit diesen hormonellen Veränderungen zu tun. So entsteht eine Gelegenheit, bisher ungelebte Aspekte unseres Seins zu erfahren und zu leben. Für manche Frauen finden diese Prozesse eher im Inneren statt, während es im Leben anderer zu großen und dramatischen Umbrüchen ihrer bisherigen Strukturen kommt.

Die Polarisierung, die die meisten Frauen in sich tragen, kann auch als Ausdruck der tiefen inneren (Ab-) Spaltung, der „dunklen Seite" weiblicher Energie gesehen werden. Wir sind so darauf konditioniert, logisch, linear, vorhersagbar und verlässlich sein zu müssen, dass die ungezähmte, mystische Kraft, die dem Weiblichen innewohnt, von allen Seiten bekämpft wird. Und zwar an erster Stelle von uns selbst. Eine Frau, die in ihrer Weiblichkeit lebt, ist auch wild und „irrational". Sie lässt sich von ihrer Intuition oder einem inneren Gefühl auf Wege führen, die vielleicht gelegentlich jenseits des Status quo gesellschaftlicher Normen liegen. Wenn wir in unserer Kraft sind, können wir aufrecht mit den Konsequenzen unserer Entscheidungen und Handlungen leben. Schwierig wird es, wenn wir uns falsch, schuldig und/oder abhängig fühlen. Dann wird diese Urkraft ins Unterbewusste verdrängt, verbündet sich dort vielleicht noch mit anderen ungelösten inneren Anteilen in uns und führt von dort aus ein Dasein aus dem Untergrund, ohne dass wir einen bewussten Zugang dazu haben.

Wenn sich eine Frau entscheidet, ein authentisches Leben im Einklang mit allen Aspekten ihrer Weiblichkeit zu leben, kann es zunächst zu einem schmerzlichen, aber lohnenswerten Erwachensprozess kommen. In diesem Prozess werden die Ursachen und Folgen alter, fauler Kompromisse, die wir im Leben eingegangen sind, deutlich und können integriert werden. Dann erst sind wir frei und stehen aufrecht in unserer ganzen Kraft.

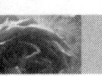

Zu dieser inneren Spaltung, Unterdrückung und Verleugnung der weiblichen Urkraft kommen die alten patriarchalischen Programmierungen und Konzepte. Beispielsweise, dass eine gute Frau keinen guten Sex hat oder dass Gott will, dass Sex möglichst lustfrei ist und nur der Fortpflanzung dient (wenn er schon sein muss ...).

Darüber hinaus ist die allgemeine sexuelle Kultur in unserer Gesellschaft auch immer noch männlich-patriarchalisch geprägt. Wie Sex gut, lustvoll und richtig ist, wird sehr stark über männliche Fantasien definiert. Das heißt nicht, dass männliche Fantasien grundsätzlich schlecht oder falsch sind. Das Problem ist die Einseitigkeit und die Vorstellung, dass diese eine Seite die ganze Wahrheit über Sex darstellt. Ein wichtiger Aspekt hierbei ist die lineare Ausrichtung der männlichen Energie, die wir in den männlichen Anteilen als Frau natürlich auch in uns tragen. Der sexuelle Akt ist eine Mission mit einem Ziel – nämlich dem Orgasmus. Gegen den Orgasmus an sich ist nichts einzuwenden. Doch die Fixierung auf das Ziel verhindert oft das tiefe Eintauchen in den Moment der Begegnung, jenseits von Zeit und Raum.

Wir Frauen leben so sehr in der Trance dieser männlich und patriarchalisch geprägten „Realität", dass wir den Kontakt zu unserer sexuellen Authentizität verloren haben. Wir haben gründlich gelernt, uns selbst nicht mehr zu spüren. Wir haben uns der Art und Weise der Männer angepasst, weil wir es nicht besser wussten und uns niemand ermutigt hat, die Sache zur Abwechslung einmal wieder selbst in die Hand zu nehmen. So kommt es, dass viele Frauen sich immer noch in den alten Strukturen des Objekt-Seins gefangen fühlen und verständlicherweise innere Widerstände gegen Sexualität entwickeln.

Biografische und karmische Ursachen

Diesen Punkt erwähne ich jetzt nur der Vollständigkeit halber. Ich habe in den vergangenen Kapiteln schon einiges zu diesem Thema geschrieben und es dürfte klar sein, dass wir die Einstellung unserer Eltern auf einer sehr tiefen, unbewussten Ebene

übernehmen. Dazu kommt unsere individuelle persönliche und seelische Geschichte zum Thema Sexualität und Lustempfinden. Hatten wir einen angst- und vorurteilsfreien Raum in unserer Kindheit, in dem wir unseren Körper erkunden und uns lustvoll mit ihm verbinden konnten? Waren wir sicher, wenn wir das taten?

Eine besonders traumatische Verletzung unseres natürlichen Lustpotenzials ist die Erfahrung von physischer Gewalt und sexuellem Missbrauch.[*50] Diese Erfahrungen sitzen als tiefe Verletzungen in der Psyche und den Körperzellen, und es braucht viel Mut und Geduld, die Traumata aufzuarbeiten und zu überwinden.

Ich möchte alle betroffenen Frauen an dieser Stelle noch einmal ermutigen, sich Unterstützung zu holen und diese alten Wunden zu heilen.[*51] Auch wenn es vielleicht ein langwieriger und schmerzhafter Prozess ist, so ist der Lohn eine neue Erfahrung von Freiheit, Vertrauen und einer neuen, lustvollen Freude am Leben. Sie sind nicht allein! Wussten Sie, dass statistisch gesehen, jedes 3. Mädchen und jeder 7. Junge von der Erfahrung des sexuellen Missbrauchs betroffen ist? Die meisten sexuell missbrauchten Menschen sind voller Scham und haben das Gefühl, mit ihrer Erfahrung ganz allein in der Welt zu stehen. Es ist höchste Zeit, dass diese Thematik einen offenen und liebevollen Raum bekommt, in der die betroffenen Personen ihr Schweigen brechen und das alte Stigma ablegen können.

Solange die alten Verletzungen ungelöst in unserem System abgelagert sind, führen spätere sexuelle Kontakte sehr leicht zur Reaktivierung des alten Traumas. Der Körper verschließt sich reflexartig, wir fühlen Angst, Taubheit, Ekel, Widerstand, Wut, Trauer und Schmerz.

Eine andere Reaktion auf vergangene sexuelle Übergriffe kann auch die Flucht in ein selbst verletzendes, sexuell promiskuitives Leben sein. Anstatt sich übermäßig gegen sexuelle Erfahrungen und Kontakte abzugrenzen, sind diese Frauen (und Männer) mehr oder weniger stark entgrenzt. Sie können sich, ihre Empfindungen und ihre Grenzen nicht spüren und betäuben ihre Verletzlichkeit und die alten Schmerzen durch mehr oder weniger wahllose sexuelle Kontakte. In diesen Erfahrungen wiederholen sie immer wieder die alte Traumatisierung.

Diese alten, tiefen Verletzungen und ihre verschiedenen Auswirkungen kann man mit Liebe, Geduld und Beharrlichkeit und, wenn notwendig, durch Inanspruchnahme professioneller Hilfe erlösen und heilen. Ich will keine falschen Versprechungen machen. Je nach Tiefe des Traumas kann der Heilungsprozess ein mühsamer und steiniger Weg sein, aber es ist grundsätzlich machbar – in jedem Fall. Man kann sowohl auf der psychisch-seelischen Ebene wie auch durch Körperarbeit an diese alten Traumata herangehen, um sie zu lösen. Und jede(r) Betroffene sollte sich Zeit nehmen, eine angemessene Therapieform für sich zu finden, in einem Raum, in dem man sich sicher und aufgehoben fühlt. Es ist erfahrungsgemäß so, dass sich eine achtsame Form der Körperarbeit, nachhaltig positiv auf die verselbstständigten Erinnerungsmuster unseres Körpers auswirkt. Gerade zu Beginn der Aufarbeitungsphase kann es durch Körperarbeit jedoch zu einer Retraumatisierung kommen. Deshalb empfehle ich – besonders am Anfang – eine behutsame Herangehensweise, die eher auf den Ebenen von Persönlichkeit und Seele ansetzt. Diese Form der Arbeit muss keineswegs nur an der Oberfläche bleiben, bietet jedoch ein Grundsetting, in dem die Betroffenen sich geschützt und sicher in ihrem Körper fühlen können. Im späteren Verlauf des Heilungsprozesses kann eine passende Form von Körperarbeit dann Wunder wirken und die alten Verhaltensmuster sowie Kontraktionen im Körper lösen.

Die evolutionäre und die energetische Motivation zur Sexualität

Wenn man auf die weibliche Energie in Bezug auf den weiblichen sexuellen Ausdruck schaut, losgelöst von Geschichte, Gleichberechtigung, Ängsten und Blockaden, dann trägt die weibliche Energie die tiefe Sehnsucht in sich, lustvoll von der männlichen Energie „genommen" zu werden. Sich hinzugeben und tief einzutauchen in einen ekstatischen Raum, jenseits von Zeit und Zielen. Die männliche Energie ihrerseits sehnt sich danach, das

Weibliche zu durchdringen, zu nehmen und zu den höchsten Gipfeln der Lust zu führen.

Aus der Geschichte zwischen Männern und Frauen haben sich evolutionäre Strukturen entwickelt, die diesen natürlichen Fluss in der Frau und zwischen den Geschlechtern häufig stört.

Zum einen ist, vor allem in patriarchalischen Gesellschaftsstrukturen, die Sexualität zu einem wesentlichen Teil zum Tauschgeschäft verkommen. Der Mann demonstriert seine (Über-)Macht durch die sexuelle Unterwerfung der Frau und die Frau ordnet sich dem unter, um ihrerseits materielle Sicherheit zu bekommen. Aus evolutionärer/historischer Sicht haben Frauen ein Bedürfnis, den Mann durch ihre sexuelle Gefügigkeit an sich zu binden. Es gibt eine tiefe Verwirrung in sexuellen Beziehungen, die dadurch entsteht, dass sich das evolutionäre Bedürfnis nach Kontrolle und Sicherheit mit dem originären energetischen Bedürfnis nach Lust und Austausch vermischt.

Bleiben diese beiden Bestrebungen unbewusst und ungeklärt, so kann es leicht passieren, dass eine Frau sich vor der kraftvollen männlichen Energie fürchtet, in der Erwartung, als Mensch unterdrückt und als Frau verletzt zu werden. Der Mann fühlt sich dann zurückgewiesen mit der aktiven Liebe, die er zu geben hat – nämlich durch sein Wurzelchakra. Umgekehrt befürchtet ein Mann, dass eine Frau ihn an sich binden will, wenn sie sich mit ihrer ganzen Hingabe öffnet und reagiert mit Fluchttendenzen.

Es kann sehr heilsam sein, wenn ich mir als Frau bewusst mache, wo ich meine sexuelle Energie benutzen möchte, um einen Mann zu „halten" und diese Anteile zu mir zurückzunehmen. Dann wird meine Hingabe immer freier, tiefer und vor allem selbstbestimmter.

Kennen Sie das Lied von Meat Loaf „Paradise by the Dashboat Light"? Er will Sex mit ihr und sie will erst von ihm hören, dass er sie ewig lieben wird – „will you love me forever till the end of time"? Bis er einlenkt und es ihr verspricht in der Hitze der sexuellen Lust. Am Ende singt er: „And now I`m waiting for the end of time ..." Das ist das Spiel, das zwischen Mann und Frau oft gespielt wird auf Kosten der authentischen Begegnung im Hier und Jetzt. Vielleicht geht es ja für immer weiter, aber dann nicht durch ein erzwungenes Versprechen, sondern aus dem gegenseitigen Wunsch in voller Eigenverantwortung.

Konventioneller Sex vs. bewusste Sexualität

Ein zusätzlicher Weg, um sich von alten sexuellen Blockaden zu befreien, ist es, über die Sexualität selbst die alten Informationen in den Zellen und der Psyche zu transformieren. Bei Traumata oder sonstigen deutlichen sexuellen Störungen und Blockaden empfehle ich diesen Weg allerdings erst nach gründlicher Vorarbeit auf der therapeutischen Ebene. Diese Form der Transformation eignet sich besonders für Paare, die bewusst auf einem gemeinsamen Weg des Wachstums gehen.

Wie bereits erwähnt, ist die herkömmliche Ausrichtung beim Liebesakt der Orgasmus. Dazu hat jeder Mensch für sich, aber zumeist auch ein Paar gemeinsame Wege „erarbeitet", in denen sich das Ziel (möglichst schnell) verwirklicht. Häufig wird dafür viel Reibung erzeugt und es spielen sich Abläufe ein, die sich bewährt haben und uns ans Ziel bringen sollen.

Auf diese herkömmliche Weise wird zumeist sehr viel Spannung im System aufgebaut, die sich dann im Orgasmus entlädt. Je verselbstständigter und unbewusster ein solcher Akt abläuft, desto größer ist die Gefahr, dass es neben der Entladung beim Orgasmus zu einem energetischen Austausch von unbewusster emotionaler Energie kommt. Die Reibung führt dazu, dass die alten ungelösten und abgelagerten emotionalen Themen in unserem Energiesystem aktiviert werden.*[52]

Erinnern Sie sich daran, was ich über die Polung der Chakren bei Mann und Frau erzählt habe? Bei einem Liebesakt kommt es in jedem Fall zu einem energetischen Austausch zwischen den Partnern. Ob dieser Austausch vitalisierend und nährend oder als Irritation wirkt, hängt von der energetischen und emotionalen

Klarheit und Bewusstheit sowie dem Grad von Liebe und Offenheit beider Partner ab. Wenn im System des Mannes und/oder der Frau ungeklärte emotionale Energien abgelagert sind, passiert Folgendes: Die Reibung als solche und die positive Energie im Penis des Mannes führen zunächst dazu, dass die abgelagerte emotionale Energie in den Energiefeldern des Paares aktiviert werden. Ist die Frau in ihrer Vagina blockiert, kann das unter anderem mit dazu beitragen, dass ein Mann frühzeitig ejakuliert. (Ich möchte an dieser Stelle keinesfalls ein Fass aufmachen, das mit „Schuld" der Frau zu tun hat. Die Tendenz zur frühzeitigen Ejakulation kann sehr viele verschiedene Ursachen haben, aber dass dieser Aspekt auch eine Rolle spielen kann, wissen viele Menschen nicht). Der Mann seinerseits entlädt durch den Orgasmus nicht nur das Sperma, sondern auch die ungelöste emotionale Energie in seinem System in die rezeptiv gepolte Vagina. Der Mann fühlt sich nach einem solchen Orgasmus einerseits erleichtert, aber gleichzeitig auch leer. Die Frau hat durch ihren Orgasmus zwar ebenfalls Spannung abgebaut, dabei aber gleichzeitig nicht nur ihre eigenen emotionalen Themen aktiviert, sondern darüber hinaus auch die emotionale Ladung des Mannes in ihr Feld mit aufgenommen. Oft fühlt sich eine Frau nach dem Liebesakt deshalb irgendwie gereizt, traurig oder erschöpft und neben sich.

Je weniger emotionalen Ballast beide Partner in sich tragen, desto unbeschwerter ist der Sex.

Ich möchte Ihnen jetzt aber den Sex nicht madig machen und das Gefühl vermitteln, dass Sex nur dann wohltuend und nährend ist, wenn man selbst und der Partner am besten voll erleuchtet ist. Sex ist eine wunderbare Sache, die meistens viel mit Liebe zu tun hat. Die Liebe ist eine transformierende Kraft in sich. Das heißt, es geht beim Sex nicht ausschließlich um Reibung und einen Austausch von emotionaler Energie, sondern auch um den Austausch von Liebe und körperlicher Zuwendung, die für jeden Menschen gut und heilsam ist. Auf die emotionale Ebene geschaut kann man sagen: Je weniger emotionale Blockaden ich in meinem System habe, desto weniger kann emotionale Energie an meinem Feld „andocken" und es irritieren.

Die gute Nachricht ist, dass man sich den energetischen Mechanismus zwischen Vagina und Penis sogar zunutze machen kann. Wenn es einem Paar gelingt, in der körperlichen Begegnung „wach" zu bleiben, wenn man in jedem Moment bewusst in Kontakt mit dem inneren Empfinden ist, dann kann man den sexuellen Akt in einen Heilungsakt verwandeln.

Das geht so:

Zunächst erfordert es ein waches Spüren des eigenen Körperempfindens und der Kommunikation darüber. Zum Beispiel kommt es häufig vor, dass der Penis einen Punkt in der Vagina berührt, der sich empfindlich anfühlt oder sogar schmerzt. Das ist ein sicheres Zeichen für irgendeine Blockade, die sich dort abgelagert hat. Normalerweise würden wir darüber hinweggehen und versuchen, durch noch mehr Reibung Lust zu erzeugen, die diese Empfindlichkeit relativiert, oder wir ziehen uns verängstigt zurück und verschließen uns. Der Penis hat mit der positiven Polung aber nicht nur die Eigenschaft, sich zu entladen, sondern er kann die positive Energie dazu nutzen, Heilung an genau diesen schmerzhaften Punkt zu bringen. Wenn die Frau sich also in einem solchen Moment mitteilt, kann der Mann eine Zeit lang still an jenem Punkt verweilen, ohne sich zu bewegen. Auf wundersame Weise löst sich die Anspannung zumeist nach kurzer Zeit auf.*[53]

Ich habe im vergangenen Abschnitt bewusst darauf hingewiesen, dass es bei dieser Form der sexuellen Begegnung hilfreich ist, mit einem Partner zu sein, der sich nicht scheut, alten Verletzungen und Blockaden zu begegnen. Das erfordert eine Bereitschaft, sich verletzlich zu zeigen und sich auf eine solche Ebene der Kommunikation einzulassen. Außerdem braucht es eine ganze Menge Mut, Anteile in sich wahrzunehmen, die so ungemütlich sind wie nur irgendetwas und die dann auch noch zu kommunizieren. Und darüber hinaus benötigen wir eine gemeinsame Basis des Vertrauens. Vertrauen ist auf der einen Seite ein „Bauchgefühl", welches ich zu einer Person entwickele. Darüber hinaus entsteht und vertieft sich Vertrauen, wenn ich die Erfahrung mache, in meinen Empfindungen und Bedürfnissen ernst genommen zu werden und mich auf Vereinbarungen verlassen kann, die ich mit

dem Partner getroffen habe. Wenn ich länger unterwegs bin auf meinem Weg der Heilung, dann verlagert sich dieses Vertrauen nach und nach in mich selbst hinein. Von bestimmten Vereinbarungen mit einer anderen Person hin zu einem Vertrauen in das Leben selbst.

Wenn sich ein besagter Schmerzpunkt in der Vagina bemerkbar macht, dann reicht es häufig aus, einfach einen Moment still miteinander an dieser Stelle zu verweilen, aber es ist nicht unwahrscheinlich, dass sich in einem solchen Liebesakt tiefe, alte Emotionen lösen. Hier gibt es zumeist nicht viel mehr zu tun, als die damit verbundenen Gefühle zu erlauben und sie dadurch aus dem System zu entlassen.

Eine weitere Methode zur Transformation alter, ungelöster Emotionen besteht darin, unser Herz und den ganzen Körper in den Liebesakt miteinzubeziehen. Das bedeutet, wir beschränken unsere Aufmerksamkeit nicht ausschließlich oder überwiegend auf die sexuelle Lust in den Genitalien, sondern öffnen uns mit dem gesamten Körper sowie dem Herzen im Liebesakt mit unserem Partner. Auf diese Weise erschaffen wir ein großartiges Transformationsfeld. Die Liebe unseres Herzens hat das Potenzial, die alten Wunden in unserem Körper und dem gesamten Energiefeld zu heilen. Unser Körper bildet ein großzügiges Gefäß, in dem die Alchemie der Heilung stattfinden kann, die durch den energetischen Austausch zweier Körper initiiert wird. Es kommt weniger zu einer Entladung als zu einer Vitalisierung des gesamten Systems. Dieser Vitalisierungseffekt wird durch zwei Elemente besonders gefördert: Zum einen spielt die Gesamtdauer des Liebesakts eine Rolle. Das heißt, je länger der Penis und die Vagina verbunden sind, desto stärker ist der Vitalisierungs- und Heilungseffekt. Darüber hinaus ist es hilfreich, sich für die natürlichen Zyklen von Bewegung und Leidenschaft auf der einen Seite und Stille auf der anderen Seite zu öffnen. Hier sind wir als Paar und besonders als Frau in unserer Authentizität gefordert. Es gilt, alte, verselbstständigte (vielleicht bewährte) Abläufe zu durchbrechen und sich ganz der Intelligenz des eigenen Körpers zu überlassen. Es kann dabei sehr hilfreich sein, bewusst und tiefer als sonst zu atmen. Im Einklang mit dem eigenen Empfinden kann es besonders schön und intim sein, immer wieder Augenkontakt herzustellen und, darüber hinaus, dem Körper zu erlauben, sich frei auszudrücken. Zum Ausdruck des Körpers gehört auch der Ausdruck der Stimme. Atem, Augenkontakt, Körperausdruck und Stimme helfen uns „da" zu sein und zu bleiben – in unserem Körper und in der aktuellen Situation. Und sie helfen uns dabei, uns immer lebendiger, authentischer und ekstatischer zu lieben.*[54]

Was den Effekt des Entladens angeht, spielt der Orgasmus bei den meisten Frauen eine untergeordnete Rolle. Wenn die sexuelle Energie frei durch unseren Körper fließt, haben wir durch den Orgasmus kaum etwas zu verlieren. Gleichzeitig bewirkt das lustvolle Verweilen in der sexuellen Vereinigung, die Öffnung des ekstatischen Potenzials in der Frau, dass der Orgasmus eine zunehmend sekundäre Rolle spielt.

Es gibt viele Schulen über das „Wie", also konkrete Techniken im sexuellen Kontakt. Ich bin inzwischen der Meinung, dass für bestimmte Paare sowie bestimmte Phasen einer Beziehung unterschiedliche Ansätze Sinn machen. Ob der Sex eher in der Stille stattfindet, um heilsam und befriedigend zu sein, oder ob er wild und leidenschaftlich ist – jedes Paar muss seinen eigenen Weg damit finden. Meistens durchläuft ein Liebesakt Phasen und Zyklen, die beide Aspekte in sich tragen. Hilfreich ist es auf jeden Fall, wach und möglichst bewusst mit der Wahrheit des Augenblicks zu sein. Dafür ist es wichtig, sich selbst zu spüren, sich immer besser kennenzulernen und zu vertrauen.

Unser Liebesleben mit einem Partner profitiert sehr davon, wenn wir wissen, was uns guttut, und wenn wir uns, frei von Scham, mit der Lust in unserem Körper zeigen können. Deshalb kann es auch sehr bereichernd für sexuelle Kontakte mit einem anderen Menschen sein, wenn wir uns ganz gezielt der Selbstliebe widmen. Im Kontakt mit dem eigenen Körper können wir sofort spüren, was uns gefällt und damit experimentieren. Dieses „Selbstbewusstsein", den eigenen Körper und die eigene Lust zu kennen, entspannt, entlastet und bereichert jeden Kontakt mit einem Partner.

Man kann sich diese Welt ganz frei und kreativ selbst erschließen. Wenn Sie jedoch gerne Anregungen haben, gibt es auch einige Literatur zu diesem Thema, sowohl in Bezug auf die Selbstliebe wie auch auf bewusst gelebte Sexualität mit einem Partner.*55

Die Bedeutung von Herz- und Wurzelchakra im sexuellen Kontakt

Das Herz- und das Wurzelchakra sind die beiden zentralen Chakren, die die Qualität des körperlichen Liebens bestimmen.

Das Herzchakra der Frau ist positiv gepolt. Sie kann ihre sexuelle Lust aktivieren, indem sie ihre Liebe fließen lässt. Der positive Pol des Mannes ist das Wurzelchakra. Er aktiviert sein Herz, indem er seine Wurzelkraft frei fließen lässt. Sein Herz öffnet sich durch den Zustand der Entspannung, die er häufig durch einen Orgasmus zu erreichen sucht.

Im gemeinsamen Austausch kann die Frau das Herzchakra des Mannes aktivieren und ihn dadurch unterstützen, in die Tiefe der Liebe und Entspannung einzutauchen, und der Mann kann durch die aktive Energie seines Wurzelchakras die Lust und Leidenschaft in der Frau entfachen.

Ein Problem, welches im sexuellen Kontakt häufig entsteht, ist, dass die Frau sich körperlich nicht öffnen kann, wenn sie spürt, dass die Liebe zwischen ihr und ihrem Partner nicht fließt. Der Mann wiederum findet keinen Kontakt zu der Liebe in seinem Herzen, solange er sich von der Frau mit seiner sexuellen Energie nicht willkommen geheißen fühlt. Die aktive Energie der positiv geladenen Chakren (bei der Frau das Herz und beim Mann der Penis) wird gehemmt, und in den rezeptiv gepolten Chakren, also im Wurzelchakra/in der Vagina der Frau und im Herzen des Mannes, entsteht die Erfahrung von Verletzung, Verwirrung und Zurückweisung.

Beide Partner warten auf die Öffnung des Anderen. Eine Pattsituation entsteht.

Man kann über Tage, Monate und Jahre in einer trotzigen Haltung rechtschaffener Verletztheit verharren oder den Versuch machen, die alten Ego- und Energieblockaden zu überwinden.

Es gibt sicherlich eine Menge guter Anregungen und Übungen für Männer, die Verhärtungen und Hemmungen in ihrem Herzen zu lösen. Für uns Frauen ist es hilfreich, zu erkennen, dass die Liebe unseres Herzens ein Potenzial ist, welches wir als Geschenk in uns tragen. Wir müssen nicht auf Bestätigung und Erlaubnis warten, um unsere Liebe fließen zu lassen. Niemand hat die Macht, uns zurückzuweisen und jeder Mensch, egal ob Mann oder Frau, der sich vor der Liebe in seinem Herzen verschließt, bringt sich selbst um die reiche Erfahrung der Liebe. Was wir tun können ist, unseren Körper mitsamt seiner individuellen und kollektiven Geschichte von den alten, blockierenden Erfahrungen und Mustern und den damit verbundenen Emotionen zu erlösen. Unsere Körper sind für die Liebe gemacht und die körperliche Liebe ist gut und heilsam für uns, egal was wir darüber denken. Hingabe, sowohl im Körper wie auch im Herzen, ist kein passives Sich-Aufgeben. Sie ist ein mutiger Schritt, ein bewusstes Loslassen von alten Kontrollmustern in unserem System. Wir haben jeder Zeit die Wahl, in jedem Moment so weit zu gehen, wie es sich für uns gut und richtig anfühlt. Irgendwann kommen wir dabei an einen Punkt, wo es wunderbar lustvoll sein kann, sich immer wieder aufs Neue über alte Grenzen und Komfortzonen zu wagen, weiter in die grenzenlose Erfahrung der Ekstase.

Die Frau – ein zyklisches Wesen

Durch den Menstruationszyklus, in dem eine Frau bis zu ihrer Menopause lebt, ist sie viel stärker als der Mann mit den zyklischen Kreisläufen des Lebens verbunden. Im Laufe eines Menstruationszyklus durchwandern wir Monat für Monat die Phasen der jungfräulichen Reinheit über die Phase der Fruchtbarkeit und Empfänglichkeit (Ovulation) bis hin zu Abschied und Tod (Menstruation). Ausnahmen bilden natürlich die Phasen von Schwangerschaft, Geburt und Stillzeit, die aber in sich wiederum ein eigenes zyklisches Geschehen darstellen.

So ist auch unser Lustempfinden natürlicherweise von diesen zyklischen Zuständen beeinflusst. Dies ist aber nicht statisch zu verstehen. Natürlich liegt die Vermutung nahe, dass wir zum Zeitpunkt des Eisprungs besonders viel Lust haben. Die hormonelle Zusammensetzung in unserem Körper hat ihre Wirkung auch auf unser Lustzentrum. Die Evolution ist am Fortbestand der Arten interessiert und hat geschickte Mechanismen zum Erreichen dieses Ziels entwickelt ... Es kommen aber auch andere Komponenten zum Tragen. Wünschen wir uns eine Schwangerschaft oder fürchten wir sie? Fühlen wir uns frei und sicher im sexuellen Kontakt, wenn wir wissen, dass der Eisprung vorbei ist, oder haben wir dann keine Lust mehr, weil der Sex jetzt „eh nichts mehr bringt"? Sind wir enttäuscht oder erleichtert, wenn unsere Periode beginnt? Alles was sich um das Thema Fruchtbarkeit und Schwangerschaft rankt, hat einen großen Einfluss auf unsere Sexualität und die Paarbeziehung. Das verändert sich meistens später mit den Wechseljahren. In der Menopause ist es uns möglich, die Sexualität noch einmal ganz neu zu erleben, weil wir sie nun ganz um ihrer selbst willen leben und genießen können. Das ist für viele Frauen noch einmal eine Zeit der Auseinandersetzung mit ihrem individuellen Ausdruck von Lust. Jetzt beginnt häufig eine neue Tiefe im Fühlen und in der Begegnung mit sich selbst und dem Partner. Es besteht die Chance, alte Gewohnheitsmuster zu durchbrechen und sich und die Beziehung noch einmal ganz neu zu erleben. Gleichzeitig verändert sich in dieser Zeit die hormonelle Zusammensetzung in unserem Körper. Manche Frauen berichten, dass sie nun mehr Lust verspüren als vorher, bei anderen geschieht das Gegenteil. In jedem Fall ist es hilfreich, sich selbst im eigenen Fühlen wahrzunehmen und zu respektieren, anstatt sich unter Stress zu setzten in dem Glauben, eine Frau müsste „funktionieren". Wenn Sie unglücklich oder unzufrieden sind, weil Sie sich in den Wechseljahren lustlos und niedergedrückt fühlen, besteht die Möglichkeit, sich entweder mit pflanzlichen, energetischen oder homöopathischen Mitteln Unterstützung zu holen, um die hormonellen Schwankungen zu regulieren. Manchmal sind solche extremen Zustände aber auch ein Signal des Körpers, dass jetzt noch einmal Schichten im Unterbewusstsein aktiviert werden, die in den Blick geholt und geheilt werden möchten.

Solange wir die männlichen Programmierungen über Sex in uns tragen, neigen viele Frauen zu Anspannung und Leistungsdruck, in der Annahme, sie müssten immer das gleiche Lustniveau aufrechterhalten, um gut und richtig zu sein. Je mehr wir uns jedoch in unsere zyklische Natur entspannen, desto entspannter werden wir in unserem Körper, und die hormonellen und zyklischen Einflüsse relativieren sich.*[56]

Weibliche bzw. männliche Essenz

Als letzten Punkt zum Thema Sexualität möchte ich neuere Erkenntnisse zum Thema männliche und weibliche Essenz mit Ihnen teilen: Unter anderem hat sich David Deida *[57] intensiv mit diesem Thema auseinandergesetzt und stützt seinen tantrischen Ansatz auf die gewonnenen Einsichten.

Die Qualität unserer Essenz hängt zu einem großen Teil davon ab, ob wir ein Mann oder eine Frau sind. Etwa 80 Prozent der Frauen haben eine weibliche Essenz, während 80 Prozent der Männer eine männliche Essenz haben. 10 Prozent der Menschen haben eine neutrale Essenz, was dazu führt, dass sie wenig bis gar kein Interesse an Sexualität haben. Bei den restlichen 10 Prozent ist die Essenz diametral zum Geschlecht, das heißt, es gibt Frauen mit einer männlichen Essenz und Männer mit einer weiblichen Essenz.

Nicht nur die Polung der Chakren, sondern auch die Polung der Essenzen spielen bei einem Paar eine wesentliche Rolle für die sexuelle Anziehung.

Man erkennt die weibliche Essenz an ihrem Bedürfnis nach Liebe und Hingabe, wohingegen sich die männliche Essenz als Bedürfnis nach Freiheit und dem Drang, mitzureißen, ausdrückt.

Es ist eine große Herausforderung in der heutigen Zeit, den allgemeinen Anspruch an Gleichheit und Gleichberechtigung mit der bewussten Pflege der eigenen Essenz zu kombinieren. Es ist dabei wichtig zu verstehen, dass es sich hierbei um ein energetisches Phänomen handelt, welches sich auf den energetischen

Austausch zwischen Mann und Frau auswirkt. Jede Frau mit einer weiblichen Essenz hat trotzdem das volle Potenzial und ein Anrecht auf individuellen und kreativen Selbstausdruck sowie das Recht zur Selbstbestimmung und Kompetenzentwicklung. Und ein Mann mit männlicher Essenz braucht auch Raum und Zeit für Empfänglichkeit, Weichheit und Hingabe.

Es gibt unterschiedliche Evolutionsgrade in der Ausprägung unserer Essenz. David Deida teilt diese evolutionären Stufen in drei Entwicklungsphasen ein: In der ersten Phase findet ein blinder und unbewusster Austausch der Essenzen zwischen einem Paar statt. Das drückt sich in dem Streben nach Macht beim Partner mit der männlichen Essenz – und der Tendenz zur Unterwerfung beim dem, der die weibliche Essenz verkörpert, aus. In der zweiten Phase kommt es zu einer Bewusstseinsentwicklung, in der es darum geht, Gleichberechtigung, Verständnis und gegenseitigen Respekt zwischen den Partnern zu schaffen. Die Entwicklung der 60er Jahre des vergangenen Jahrhunderts verdeutlicht diesen Prozess. Frauen haben zu dieser Zeit ihre Kraft, Selbstbestimmung und Kompetenz entwickelt, während die Männer ihre Sensibilität und Empathie entdeckten. Diese Entwicklung ist notwendig, birgt aber die Gefahr einer Neutralisierung der Essenzen, die sich hemmend auf die erotische Anziehung zwischen den Partnern auswirkt.

In der dritten Phase geht es darum, mit der Energie der ersten Phase und der menschlichen Reife der zweiten Entwicklungsphase bewusst eine Polarisierung der Essenzen zu kultivieren, die auf der Basis einer menschlichen Gleichberechtigung fußt. Hier kann der/die Partner/in mit der weiblichen Essenz in ihrem/seinem Energiesystem und im sexuellen Kontakt bewusst und selbstbestimmt die natürliche Bewegung der Hingabe vollziehen, während der/die Partner/in mit der männlichen Essenz seiner/ihrer Bewegung der Führung, Aktivität und des Mitreißens folgen kann.

Diese „Rollen" sind nicht in Stein gemeißelt. Jeder Mensch trägt in seiner Ganzheit alle Aspekte in sich. So gibt es in langjährigen Beziehungen auch immer wieder Phasen, in denen mit der Qualität der Essenzen gespielt werden kann.

Grundsätzlich ist es nur gut zu wissen, dass es dieser Polarität bedarf, um Lust und Leidenschaft in einer Beziehung zu kultivieren. Und auch, um sich als Frau mit einer weiblichen Essenz immer wieder daran zu erinnern, dass Hingabe und Empfänglichkeit kein Versagen oder ein Zeichen von Schwäche sind, sondern eine große und lustvolle Kraft, die unser Potenzial stärkt, unserem Körper Kraft und Gesundheit schenkt und dem Leben eine besondere Süße verleiht.

Ein Wort zur gleichgeschlechtlichen Liebe

Aus dem, was ich bisher beschrieben habe, kann man schon einige Schlussfolgerungen über die Ursache gleichgeschlechtlicher Liebe ziehen.

Jede Liebe zu jedem Menschen beiderlei Geschlechts ist in dem Sinne „normal" und richtig, als sie dem entspricht, was wir natürlicherweise in uns fühlen. Und was sollte daran verkehrt sein?
So wie die Menschen körperlich, biologisch und energetisch konzipiert sind, sind sie zunächst einmal darauf angelegt – schon allein im Sinne der Fortpflanzung – einander gegengeschlechtlich anzuziehen. Da wir aber keine Prototypen aus der Fabrik sind, setzt sich jedes Individuum aus kollektiven und individuellen Faktoren zusammen. Genetisch kann es sein, dass wir als Mädchen zum Beispiel mehr männliche Hormone ausbilden, als es Mädchen im Durchschnitt tun. Das kann so weit gehen, dass wir keine eindeutigen Geschlechtsmerkmale ausbilden. Man nennt dieses Phänomen Hermaphroditismus.*[58]

Wie es zu den Ausprägungen unserer geschlechtlichen Essenz im Sinne von David Deida kommt, ist meines Wissens bisher nicht wissenschaftlich erforscht, aber dennoch hat unsere Essenz eine starke Auswirkung auf unsere sexuelle Präferenz. Das heißt, mit einer maskulinen Essenz würde ich mich als Frau eher zu Menschen mit einer weiblichen Essenz hingezogen fühlen.

Es kann auch sein, dass ein Mensch aus einer systemischen Verstrickung heraus eine besondere Anziehung für Menschen des eigenen Geschlechts fühlt. Infolge von Familienaufstellungen kann sich das im Nachhinein dann manchmal verändern, was aber nicht heißt, dass es vorher falsch gewesen ist.

Auch die Erfahrungen in unserer Seele wirken auf dieser Ebene mit. Vielleicht waren wir lange Zeit immer wieder in einem männlichen Körper inkarniert und sind es noch „gewohnt", Frauen attraktiv zu finden. Oder wir lieben eine bestimmte Seele so tief und innig, die in diesem Leben eben im gleichen Geschlecht verkörpert ist wie ich selbst.

Die einzige Form der gleichgeschlechtlichen Liebe, die ich in ihrer Ursache zumindest erforschen würde, ist folgende: Wenn meine sexuelle Präferenz dadurch entstanden ist, dass ich als Frau Angst vor dem männlichen Geschlecht habe, zum Beispiel aufgrund von körperlicher oder sexueller Gewalt in der Vergangenheit.

Auch dann ist es natürlich vollkommen in Ordnung, wenn ich irgendwann beschließe, dass ich mit Frauen einfach glücklicher und entspannter bin. Aber solange meine Triebfeder die Angst und der Schmerz ist, gibt es einen Heilungsbedarf, und vielleicht wartet ja eine heilsame und erfüllende Erfahrung oder Beziehung mit einem Mann auf mich, die zu versäumen doch schade wäre. Nicht weil es ein Mann ist, sondern wegen des Heilungspotenzials, welches darin enthalten ist.

Intermezzo:
Releasingsätze zum Thema „Sexualität"

~ Ich lasse los alle Angst vor meiner sexuellen Kraft.
~ Ich lasse los das alte Programm, dass die weibliche sexuelle Energie schlecht, sündig und gefährlich ist.
~ Ich lasse los das alte Programm, dass ich nur ehr- und achtbar bin als Frau, wenn ich meine sexuelle Natur unterdrücke.
~ Ich lasse los den alten Stolz darüber, meine sexuelle Lust so erfolgreich unterdrückt zu haben.
~ Ich lasse los das alte Programm, dass eine gute Frau keine sexuelle Lust verspüren darf.

~ Ich lasse los das Programm, dass Sexualität nur der Fortpflanzung dienen darf und möglichst keine Lust erzeugen sollte.

~ Ich lasse los das religiöse Programm, dass die sexuelle Lust eine Versuchung des Teufels ist.

~ Ich lasse los die Notwendigkeit, meine sexuelle Lust zu bekämpfen, um Gott zu gefallen.

~ Ich lasse los die alte Entscheidung, mich von meiner Lust abzutrennen, um gut und richtig zu sein.

~ Ich lasse los die Angst, bestraft und verachtet zu werden, wenn andere meine Lust entdecken.

~ Ich lasse los die Entscheidung, meine sexuelle Lust zu verbergen und verleugnen.

~ Ich lasse los das alte religiöse Programm, dass Gott von mir verlangt, meine sexuelle Lust zu überwinden.

~ Ich lasse los das Programm, dass Frauen kein eigenes, authentisches Lustempfinden haben.

~ Ich lasse los alle Auswirkungen, meine sexuellen Empfindungen bekämpft und unterdrückt zu haben.

~ Ich lasse los die Auswirkungen der Selbstentfremdung und Orientierungslosigkeit.

~ Ich lasse los die Auswirkungen davon, mich am männlichen Zugang zur Sexualität orientiert zu haben.

~ Ich lasse los alle Programmierungen darüber, wie richtiger Sex funktioniert.

~ Ich lasse los den alten Leistungsdruck und alle Angst, zu versagen.

~ Ich lasse los das Gefühl, dass es falsch ist, was ich fühle und empfinde.

~ Ich lasse los alle Schamgefühle in Bezug auf meine Lust.

~ Ich lasse los die Angst, mich zu blamieren, wenn ich mich zeige, wie ich bin.

~ Ich lasse los das tiefe Misstrauen gegen mich selbst und meine Körperempfindungen.

~ Ich lasse los die Angst, mich meinem Partner zu öffnen und zu zeigen beim Sex.

~ Ich lasse los die Angst und die Erwartung, abgelehnt und zurückgewiesen zu werden, wenn ich mich zeige und öffne.

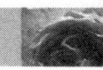

~ Ich lasse los die Angst, beim Sex zu versagen.

~ Ich lasse los die alte existenzielle Angst davor, mich hinzu-geben.

~ Ich lasse los die Erwartung, verletzt, beschämt oder verlassen zu werden, wenn ich mich hingebe.

~ Ich lasse los das Gefühl der Schutzlosigkeit, wenn ich mich sexuell öffne und hingebe.

~ Ich lasse los, mich in die Sicherheit vertrauter Abläufe zu flüchten.

~ Ich lasse los die Angst, nicht zu funktionieren, wenn ich mir erlaube, mich ganz zu spüren.

~ Ich lasse los alle Angst vor Konflikten mit meinem Partner, wenn ich offen und wahrhaftig meine Bedürfnisse und Empfin-dungen kommuniziere.

~ Ich lasse los alle Schamgefühle in Bezug auf meinen authenti-schen sexuellen Ausdruck.

~ Ich lasse los die Entscheidung, mich lieber zu verschließen und mich in mich zurückzuziehen, als meine Verletzlichkeit zu zeigen.

~ Ich lasse los allen Verdruss und Widerstand gegen die zykli-schen Vorgänge in meinem Körper.

~ Ich lasse los die Angst, schwanger zu werden, wenn ich mich sexuell öffne.

~ Ich lasse los, mich lieber sexuell zu verschließen, als mit mei-nem Partner offen über Verhütung zu sprechen.

~ Ich lasse los das alte Programm, dass eine Schwangerschaft die Strafe ist für sexuelle Lust.

~ Ich lasse los die Angst, niemals schwanger zu werden.

~ Ich lasse los alle Gefühle der Hoffnungslosigkeit, Vergeblichkeit und Resignation in meinem Wunsch, ein Kind zu empfangen.

~ Ich lasse los allen Hass auf meinen Körper.

~ Ich lasse los den Kampf darum, die hormonellen Prozesse in meinem Körper zu kontrollieren.

~ Ich lasse los alle Gefühle der Erschöpfung und Ohnmacht.

~ Ich lasse los die Auswirkungen, den Kontakt zur spielerischen Lust meines Körpers verloren zu haben, weil ich so dringend schwanger werden möchte.

~ Ich lasse los alle Verhärtung und Fixierung in meinem System.

~ Ich lasse los allen Kampf gegen mich selbst.

~ Ich lasse los alle Auswirkungen, entdeckt worden zu sein, als ich als Kind meinen Körper lustvoll erforscht habe.

~ Ich lasse los die Auswirkungen von Missbilligung und Strafe.

~ Ich lasse los die tiefen Schamgefühle darüber, entdeckt worden zu sein.

~ Ich lasse los die Verknüpfung von sexueller Lust und Scham, die damals entstanden ist.

~ Ich lasse los die Entscheidung, meine sexuelle Lust fortan zu verbergen und zu verleugnen.

~ Ich lasse los das Misstrauen, welches ich mir selbst und anderen gegenüber entwickelt habe.

~ Ich lasse los alle Auswirkungen jeglicher Form von Grenzüberschreitung.

~ Ich lasse los die Auswirkungen physischer Gewalt.

~ Ich lasse los die Auswirkungen der sexuellen Grenzüberschreitungen.

~ Ich lasse los alle Auswirkungen emotionaler Grenzüberschreitungen.

~ Ich bitte darum, dass alle Auswirkungen dieser Grenzverletzungen in meinem gesamten System in Licht gehüllt, gereinigt und geheilt werden.

~ Ich lasse los die alte existenzielle Angst vor .... (Name).

~ Ich lasse los alle Gefühle des Ausgeliefertseins.

~ Ich lasse los das Gefühl, beschmutzt und stigmatisiert zu sein.

~ Ich lasse los allen Selbstekel.

~ Ich lasse los allen Hass und Ekel über meinen Körper.

~ Ich lasse los das alte Verbot, jemals über diese Erfahrungen zu sprechen.

~ Ich lasse los alle Angst, bestraft, ausgestoßen oder getötet zu werden, wenn ich erzähle, was mir geschehen ist.

~ Ich lasse los die Angst, für verrückt erklärt zu werden.

~ Ich lasse los das Gefühl, Schuld zu haben an der Missbrauchserfahrung.

~ Ich lasse los die Angst und die Erwartung, dass mir niemand glaubt.

~ Ich lasse los die Auswirkungen davon, dass mir niemand geglaubt hat.

~ Ich lasse los das tiefe Gefühl der Einsamkeit.

~ Ich lasse los die Überzeugung, dass ich allein zurechtkommen muss.

~ Ich lasse los die Auswirkungen, dass mir niemand geholfen hat.

~ Ich lasse los die Notwendigkeit und Entscheidung, mich zu verstecken und mich in mich zurückzuziehen.

~ Ich lasse los den alten Fluchtmechanismus aus meinem Körper.

~ Ich lasse los alle Angst davor, dass mein Partner entdecken könnte, was ich erlebt habe.

11. Kapitel
Vom Leben getragen –
die Heimat im Sein

Das Gefühl, sich vertrauensvoll ins Leben hinein zu entspannen, kann potenziell der Grundzustand für jede Frau sein. Wollen Sie sich einen Moment mit diesem Gefühl verbinden? Vielleicht haben Sie Lust auf ein kleines Experiment.

Übung:

Schließen Sie die Augen und nehmen Sie einige etwas tiefere Atemzüge, so tief in den Bauch hinein, wie es angenehm für Sie ist. Konzentrieren Sie sich einige Atemzüge lang auf das Ausatmen. Mit dem Ausatmen entlassen Sie nach und nach alle Gedanken und Ereignisse des bisherigen Tages aus ihrem System. Dann richten Sie Ihre Aufmerksamkeit auf das Einatmen. Stellen Sie sich vor, Sie hätten eine Art Energiemagneten in ihrem Körper, der einen Finger breit unter Ihrem Bauchnabel liegt. Mithilfe dieses Magneten holen Sie mit jedem Atemzug all die Anteile Ihrer Selbst in Ihren Körper zurück, die durch Gedanken und die verschiedenen Aufgaben und Ereignisse des bisherigen Tages um Sie herumschwirren und mit denen Sie nicht ganz präsent in Ihrem Körper waren. Sie können sich auch vorstellen, wie Sie sich mit jedem Atemzug mehr und mehr selbst ausfüllen, bis Sie ganz da sind und in Kontakt mit Ihrem Körper.

Nun lassen Sie ganz entspannt Ihre Erinnerung schweifen und erinnern Sie sich an einen magischen oder vollkommenen Moment in Ihrem Leben. Vielleicht war es eine Erfahrung in der Natur oder eine besondere Begegnung mit einem oder mehreren anderen Menschen. Vielleicht gab es eine Situation, wo sich alles im perfekten Moment von einem zum Nächsten gefügt hat. Was

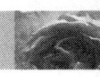

immer es für Sie gewesen ist: Verbinden Sie sich mit dem Gefühl von Vollkommenheit und Magie, die Sie in der damaligen Situation empfunden haben. Sie dürfen solange in der Erinnerung und den damit verbundenen Empfindungen schwelgen, wie Sie möchten.

Wenn Sie dann so weit sind, können Sie sich folgende Frage stellen: Wie wäre es, wenn ich wüsste, dass ich alles haben könnte und bekäme, was ich brauche? Machen Sie sich einen Moment innerlich frei von den Ideen und Konzepten darüber, was scheinbar nötig ist, um all das zu bekommen, wie zum Beispiel harte Arbeit, Konflikte, Kompromisse, Verluste und Ähnliches. Und machen Sie sich auch frei von den Überzeugungen, dass Sie bestimmte Dinge oder Erfahrungen unmöglich haben oder machen können. Versetzen Sie sich hinein ins Schlaraffenland, wo einem die gebratenen Tauben oder die fertigen Tofu-Burger direkt in den Mund fliegen. Wie fühlt sich das an?

Sie können sich dann in Ihrem eigenen Tempo mithilfe von ein paar weiteren bewussten Atemzügen wieder ganz in das Alltagsbewusstsein zurückholen.

Möglicherweise sind Sie bei diesem Experiment auf drei Regungen in sich selbst getroffen. Vielleicht nehmen Sie das unmittelbare Gefühl wahr, sich nicht mehr anstrengen und kämpfen zu müssen, und dann spüren Sie vielleicht, wie sich Ihr gesamtes System nach und nach entspannt. Anschließend könnte aber auch die Frage auftauchen, was das Ganze dann noch soll? Wäre es nicht auch irgendwie langweilig, keine Herausforderungen mehr im Leben zu haben? Und eine dritte Frage könnte sein: Was ist eigentlich ein Bedürfnis und was brauche ich wirklich? Wie kann das alles zusammengehen?

Vom Teufelskreis zum Engelskreis
1. Die kausale Ebene

Wie wir ja inzwischen wissen, sind wir Menschen multidimensionale Wesen und all die oben genannten Fragen, Themen und Ebenen haben im Ganzen ihren Platz und ihre Berechtigung. Wenn wir innerlich im Gleichgewicht sind, vereinen sich der Grundzustand des Entspanntseins mit der Lust an Herausforderungen und schöpferischem Handeln. Wenn wir, darüber hinaus, nach und nach die subtileren Ebenen unseres Seins erforschen, erfahren wir mit der Zeit immer häufiger und deutlicher die Verbindung und Einheit mit der schöpferischen Kraft unseres höheren Selbst. Das höhere Selbst ist seinem Wesen nach selbsterfüllt, frei, unendlich kreativ und liebend. In Kontakt mit unserem höheren Selbst liegen die Erfahrung und die Empfindung von Fülle und Erfüllung in sich selbst. Sind wir erfüllt in uns selbst, dann relativiert sich die Bedürftigkeit in uns. Das heißt, wenn ich selbsterfüllt bin, was gibt es dann noch „da draußen", was ich wirklich brauche? Sicher werde ich weiterhin Wünsche und Vorlieben haben, aber das ist etwas ganz anderes als ein Bedürfnis. Während Wünsche und Vorlieben etwas mit meiner individuellen Betrachtung und Gestaltung der Welt zu tun haben, ist ein Bedürfnis immer mit existenziellen Empfindungen von Abhängigkeit und Mangel verbunden.

Klingt alles ganz einfach. Aber warum machen wir immer noch so oft die Erfahrung von Mangel und Vergeblichkeit?

Ich habe im 1. Kapitel ausführlich über die kausale Ebene des schöpferischen Prozesses geschrieben und werde das an dieser Stelle deshalb nicht mehr detailliert erörtern. Nur zu Ihrer Erinnerung: Die Vielschichtigkeit unseres Wesens beinhaltet das Schöpfer-Sein, was auf der kausalen Ebene aus unserem höheren Selbst kommt. Und wir sind gleichzeitig auch Geschöpfe – Protagonisten im großen Drama des Erwachens. Wir erschaffen natürlich auch auf den Geschöpf-Ebenen unseres Wesens. Nur sind wir hier den Gesetzen des Spiels unseres dreidimensionalen Lebens auf diesem Planeten unterworfen und damit dem Prozess der Dualität, der Schwerkraft, des Körpers und all der Elemente, die für dieses Spiel hier auf der Erde ausgetüftelt wurden. Der Schlüssel, uns mehr und mehr mit der eigentlichen schöpferischen Dimension unseres wahren Selbst zu verbinden, liegt im Erinnern, wer Du bist. Wer Du bist, hat nur teilweise mit dem zu tun, für was Du Dich jetzt gerade hältst, seien es Dein Körper, die Persönlichkeit, der Status oder die Lebensumstände. Wenn man jedoch anfängt, das eigene wahre Sein zu erkennen, dann verlagert sich das Bewusstsein nach und nach in Richtung der wahren, schöpferischen Instanz unseres höheren Selbst. Und hier lockert

sich die Verhaftung an die scheinbar unabdingbaren Gesetze der dritten Dimension, und die Magie des Lebens tritt auf den Plan.

Die Magie des Lebens nenne ich einen Erfahrungszustand im Leben, in dem sich die Ereignisse scheinbar mühelos und stimmig ineinander fügen, auch und gerade, wenn sie nach menschlichem Ermessen vollkommen unwahrscheinlich erscheinen: wundersame Momente, in denen sich die physikalischen Gesetze relativieren oder sogar für einen Moment außer Kraft gesetzt sind. Mir fällt spontan eine Situation aus meinem eigenen Leben ein. Als wir vor Jahren unser Haus bauten, gab es ein ziemlich wackeliges Gerüst, mit dem man vom ersten bis in den dritten Stock des Hauses, mehr schlecht als recht, klettern konnte. Eines Tages trat ich bei der Kletterei daneben, rutschte aus und wäre eigentlich drei Stockwerke in die Tiefe gestürzt. Im Bruchteil eines Moments war mir, als trügen mich immaterielle Hände ein kleines Stück nach links, sodass ich fast schwebend auf einem Zwischenbrett landete, auf dem ich, physikalisch betrachtet, niemals hätte landen können.

Vielleicht haben Sie vergleichbare Erfahrungen in Ihrem Leben gemacht. Etwas nicht so ungewöhnliches sind telepathische Erfahrungen, wie zum Beispiel der Moment, wenn das Telefon klingelt und Sie genau wissen, wer am anderen Ende der Leitung ist.

Die Magie des Lebens kann in Kraft treten, weil wir auf der Ebene unseres höheren Selbst, selbsterfüllt, selbstbestimmt, unendlich kreativ, frei und liebend sind. Und weil das Leben selbst viel reicher und vielschichtiger ist, als wir es im Alltagsbewusstsein unserer Persönlichkeit ermessen und wahrnehmen können.

2. Die psychologische Ebene

Die meisten Menschen haben, besonders in den prägenden Jahren ihrer Entwicklung, in irgendeiner Form die Erfahrung des Mangels gemacht. In Ländern der „Dritten Welt" haben diese Erfahrungen häufig mit Hunger oder existenziellen Erfahrungen wie Flucht und Heimatlosigkeit oder Naturkatastrophen zu tun. Hier im

Westen haben wir heutzutage unter anderem mit den kollektiven Folgen der Körperfeindlichkeit zu tun, und wir tragen die Folgen des Mangels an Körperkontakt in uns. In extremen Fällen gehen die damit verbundenen Erfahrungen bis hin zu Vernachlässigung oder physischer Gewalt. Ein großes Problem ist, dass wir uns als Babys und Kleinkinder nicht artikulieren konnten. Aus diesem Grund bleiben körperlicher Schmerz und Unwohlsein häufig unerkannt, selbst wenn wohlmeinende und engagierte Eltern bemüht sind, sich um unsere Bedürfnisse zu kümmern. In dieser Lebensphase sind wir in der Hilflosigkeit unseres Körpers gefangen. Wir sind darauf angewiesen, dass eine andere Person versteht und erkennt, was los ist, und uns von dem jeweiligen Ungemach befreit. Das kann extrem frustrierend sein.

All diese Erfahrungen, wie immer sie im Einzelnen gelagert sind und wie stark ihre Ausprägung sein mag, führen dazu, dass wir innere Strukturen und Verhaltensweisen entwickeln, die dazu führen, dass wir uns im Leben *strategisch* verhalten. Dieser Mechanismus entsteht folgendermaßen: Durch den Mangel, den wir erfahren, kommen wir zu der Überzeugung, dass das Leben nicht für uns sorgt – jedenfalls nicht umfassend genug, um uns ganz sicher und erfüllt zu fühlen. Da das, was wir brauchen, nicht von allein kommt (jedenfalls an bestimmten, für uns entscheidenden Stellen), entwickeln wir fixe Ideen darüber, was wir brauchen, wie und wann wir es brauchen und von wem wir es brauchen. Diese spezielle Kombination entsteht nur, weil die Erfahrung des Mangels zu einer Zeit in unserer Entwicklung entstanden ist, in der die Erfüllung eines bestimmten Bedürfnisses von einer oder sehr wenigen bestimmten Personen, abhing. Und wir entwickeln Überzeugungen darüber, was wir tun müssen, um das zu erreichen oder zu bekommen, was wir brauchen. Diese Überzeugungen wiederum bilden die Grundlage für die Strategien, die wir entwickeln, um an das, was wir brauchen, heranzukommen. Solche Strategien können gelernt werden, wenn ich zum Beispiel immer wieder vermittelt bekomme, dass ich lieb und brav sein muss, wenn ich etwas bekommen möchte. In diesem Fall wird eine Strategie bewusst von außen anerzogen. Sie kann aber auch zufällig entstehen. Vielleicht war meine Mutter immer ganz bemüht um mich, wenn ich laut geschrien habe oder krank war. Strategien sind fast

immer indirekt. Ich sage also nicht: „Mama, ich brauche deine Liebe!" (im entsprechenden Alter können wir auch noch nicht so von uns abstrahieren), sondern meine Überzeugung ist: Ich bekomme keine Liebe, aber, wenn ich mein Zimmer besonders schön aufräume (oder krank werde), dann könnte es sein, dass ich eine Belohnung in Form von einem Stück Schokolade, einer liebevollen Umarmung oder Anerkennung bekomme. Die ganze Misere des Brauchens, liegt in der Erfahrung begründet, ursprünglich an einer Stelle etwas nicht bekommen zu haben, wo dies existenzielle Ängste und Empfindungen (Hunger, Schmerz, Einsamkeit) ausgelöst hat. Als Baby beispielsweise geht es nicht um die Frage, dass ich Birne essen muss, weil Apfel gerade ausgegangen ist, sondern darum, dass ich existenziell davon abhängig bin, dass einer versteht, was ich brauche (was manchmal gar nicht so leicht ist), und es mir dann auch gibt, weil ich es nicht selbst tun kann.

Diese Fixierungen auf das Wer, Wie, Wann und Was entsteht in dieser Phase unseres Lebens. Wenn unsere Mutter unsere einzige verlässliche Bezugs- und Versorgungsperson war, dann gibt es die Konditionierung in uns, dass nur sie mir das geben kann, was ich brauche. Da ich mir kein Brot schmieren kann, werde ich ängstlich, wenn ich Hunger habe. Dieses Muster verbindet sich tief mit unseren Ego-Strukturen und wirkt meistens das ganze Leben hindurch weiter.

Wenn wir nun, später im Leben, diese Kombination nicht bekommen – das Was, das von Wem und das Wie und Wann –, entsteht eine tiefe Ernüchterung und Enttäuschung über das Leben. Wir entwickeln das Gefühl und die Überzeugung, dass das Leben nicht für uns sorgt. Wir haben das Empfinden, dass unsere Bedürfnisse genau in der vorgestellten Form erfüllt werden müssen, sonst ist das Leben falsch und frustrierend und unsere Lage vielleicht sogar lebensbedrohlich. Wir können nur noch auf den einen Punkt schauen, wo wir die Möglichkeit der Erfüllung unserer Bedürfnisse sehen, und machen es sehr eng für das Leben, uns aus seiner Fülle zu beschenken. Aus dieser Haltung entsteht eine permanente Grundkontraktion in unserem System, die sich folgendermaßen zusammensetzt:

~ Grundkontraktion: Ich kann dem Leben nicht vertrauen. Ich bekomme nicht, was ich brauche.

~ Kampf: Ich muss immer um das kämpfen, was ich will und brauche. Hier treten unsere Strategien auf den Plan.

~ Erschöpfung: Ich kann machen, was ich will, ich bekomme es einfach nicht so, wie ich meine, es zu brauchen.

~ Frustration: Es ist nie einfach mal alles gut.

Dieser Teufelskreis führt zu einer Haltung des Misstrauens gegen das Leben. „Ich will es auf meine Weise, ich werde enttäuscht, ich misstraue dem Leben, ich meine, es alles selbst tun zu müssen, ich kämpfe, ich scheitere, ich kann nicht mehr ..." Vielleicht kämpfe ich immer weiter, bis ich vollkommen am Ende bin oder ich ziehe mich zurück, werde bitter und erwarte nichts mehr vom Leben.

Die gute Nachricht ist:
Es gibt einen Weg aus diesem Teufelskreis!

Der Dreh- und Angelpunkt in dem eben geschilderten Prozess ist die Grundhaltung der Kontraktion. Die Kontraktion lösen wir nicht dadurch, dass wir das Leben irgendwann so unter Kontrolle haben, dass immer alles so passiert, wie wir es wollen (das hat sowieso noch niemand geschafft), sondern indem wir lernen, uns zu entspannen und zu vertrauen. Einen Zustand der Entspannung können wir erreichen, indem wir die Fähigkeit entwickeln, in unserem Körper ein Empfinden, eine wirklich gefühlte Gewissheit zu entwickeln, dass für alles gesorgt ist, was wir brauchen. Das geht nur, wenn wir es körperlich und emotional fühlen! Mentale Konzepte helfen da nichts oder höchstens als erster Schritt in dem Prozess. Das klingt vielleicht erst einmal ziemlich merkwürdig. Wir sind es normalerweise gewohnt, dass der Prozess der Erfüllung folgendermaßen funktioniert: Ich bekomme etwas, bin daraufhin dankbar und zumindest für eine kleine Weile erfüllt und entspannt. Das hält eine Weile vor und dann muss wieder etwas kommen, um meine Erfüllung und Dankbarkeit aufzufrischen oder zu erhalten. Wenn das nicht passiert, zieht sich mein System wieder zusammen und ich bin frustriert und hadere mit dem Leben. Auf diese Weise sind wir immer davon abhängig, dass rechtzeitig der erhoffte Input

in unser Leben kommt, der das Reservoir des Erfülltseins wieder auffüllt. Eigentlich funktioniert es aber genau andersherum. Indem ich in einem Grundzustand der Offenheit und Entspannung lebe, entsteht Weite in mir. Diese innere Weite ermöglicht es dem Leben, mich zu beschenken. Das ist gewissermaßen ein Vertrauensvorschuss an das Leben und damit der Schritt und das Wagnis, welches wir eingehen müssen, um eine neue Realität erfahren zu können. Sehr hilfreich in diesem Prozess ist es, sich bewusst von allen Erwartungen zu lösen, die damit zu tun haben, durch wen, auf welche Weise, wann und wo sich die Dinge entwickeln müssen, die wir meinen, zu brauchen. In unserem alten Paradigma bedeutet das erst einmal: „Dann kriege ich ja doch wieder nicht, was ich brauche. Und damals hätte ich meine Mutter gebraucht und sie war nie da, weil sie arbeiten musste. Jetzt brauche ich den Uli und zwar sofort und nie ruft der mich an ..." usw. usf. Indem wir aber an diesen fixen Ideen festhalten, schränken wir die schöpferische Kraft in unserem Leben ein. Während wir innerlich an Uli festhalten und zerren, steht vielleicht genau neben uns der unglaublich gut aussehende und liebevolle Anton, der mit einem offenen Herzen und offenen Armen nur darauf wartet, uns zu beschenken, den wir aber nicht wahrnehmen können, weil wir völlig auf Uli fixiert sind. Oder meine beste Freundin hätte ein offenes Ohr und würde mich in den Arm nehmen, bis ich mich einfach gut, gehalten und getragen fühle.

Wie gesagt – diese alten Fixierungen des Brauchens kommen aus einer Zeit, in der wir tatsächlich vollkommen abhängig von bestimmten Bezugspersonen waren. Das ist auf die Vergangenheit bezogen verständlich, aber in der Jetzt-Zeit, als erwachsene Person, nicht mehr real und angemessen.

Sie können einmal versuchsweise Ihre innere Hierarchie des Brauchens entlasten. Das können Sie tun, indem Sie das, was Sie meinen zu brauchen, in einen Wunsch umdefinieren, und das, was Sie wünschen, in eine Vorliebe. Wenn Sie das wirklich innerlich vollziehen, werden Sie sehr schnell spüren, wie sich Ihr gesamtes System entspannt. Ein ganz einfaches und banales Beispiel wäre, wenn Sie das dringende Bedürfnis nach einem Stück Schokolade verspüren. Im Modus von Bedürfnis fühlt sich das sehr existenziell an, fast wie bei einem Entzug. Wenn Sie nun das Gefühl oder den Gedanken „Brauchen" durch das Gefühl und den Gedanken „Wunsch" ersetzen, können Sie wahrscheinlich ganz schnell eine Entspannung fühlen, und wenn Sie dann noch einen Schritt weitergehen und den Gedanken „Wunsch" durch „Vorliebe" ersetzen, kann es schon fast egal sein, ob Sie dieses Stück Schokolade bekommen oder nicht.

Den Grundzustand von Entspannung und Vertrauen zu entwickeln, ist einer der besonders wesentlichen Fähigkeiten, die ein Mensch entwickeln kann, um ein Leben in Fülle zu erfahren. Es gibt viele Wege, diese körperliche und emotionale Gewissheit in sich zu etablieren. Wir können uns einerseits von den Erinnerungen an Kontraktionen alter Erfahrungen befreien, die wir in der Vergangenheit gemacht haben. Dafür ist Releasing ein sehr hilfreiches Medium. Aber es gibt auch viele andere Techniken und Methoden, die dazu beitragen, alten Ballast aus dem Gesamtsystem zu befreien. Gerade für uns westliche Menschen ist es sehr unterstützend, ganz bewusst den Körper in diesen Prozess mit einzubinden. Sei es durch einfache Entspannungstechniken wie Autogenes Training [59] oder Progressive Muskelentspannung nach Jacobson.[60] Dann gibt es den großen Bereich der Körperarbeit [61], die in den 30ger-Jahren des vergangenen Jahrhunderts von Wilhelm Reich [62] initiiert wurde und die verschiedensten Schulen und Ausprägungen nach sich gezogen hat. Diese Formen der Körperarbeit unterscheiden sich von den Entspannungstechniken, da sie eine therapeutische Wirkung haben. Das heißt, der Entspannungseffekt ist eine Folge von Heil- und Lösungsprozessen, die über die körperliche Ebene ablaufen. Für jeden Menschen gibt es passende Zugänge. Aus meiner eigenen Praxis möchte ich auf das Tibetan Tantra [64] hinweisen, worüber Sie im Anhang noch eine kurze Abhandlung von mir finden können.

In einem entspannten Gesamtsystem werden wir empfänglich dafür, die Vollkommenheit des Lebens in jedem Moment zu erfahren. Empfänglichkeit ist kein Zustand der Passivität oder des Fatalismus. In einem entspannten System und dem gefühlten Wissen, dass ich in jedem Moment versorgt bin, entwickle ich ein natürliches Empfinden dafür, wann es Zeit zu handeln ist und wann

es darum geht, sich zurückzulehnen und dem Leben die Zügel zu überlassen. Das hat zugleich einen sehr persönlichen, aber auch einen unpersönlichen Aspekt. Manche von Ihnen werden jetzt vielleicht befürchten, dass letztendlich alles im Leben ganz beliebig wird. Apfel oder Birne, Uli oder Anton.

Natürlich gibt es im Leben wichtige und bedeutsame Beziehungen. Ich möchte hier nicht den Eindruck erwecken, dass Begegnungen oder Situationen und Lebensumstände beliebig sind. Nur ist es immer problematisch, die Erfüllung unserer Bedürfnisse an eine bestimmte Person oder Situation zu binden. Die Person kann nach wie vor ein wichtiger Mensch in meinem Leben sein. Wenn sie mir aber nicht das geben kann oder will, was ich brauche, um mich rund und gut und in Fülle zu fühlen, gibt es Milliarden anderer Menschen oder Situationen, wo ich vielleicht genau das bekommen kann. Der Bedeutung dieser speziellen Person tut dies in meinem Leben keinen Abbruch. Vielleicht passiert sogar das Gegenteil. Die andere Person wird entlastet und kann sich mir wieder frei zuwenden.

In dem Maße, in dem wir die Erfahrung machen, dass unsere Wünsche leicht und unkompliziert erfüllt werden, ohne dass wir unglaublich viele Strategien und Energie dafür aufwenden müssen, desto weniger haben wir das Empfinden, etwas wirklich zu brauchen. Wenn das geschieht, ist es ein Zeichen dafür, dass die alten Kontraktionen in uns beginnen, sich zu lösen.

Je mehr wir unserem Wollen und unseren Fixierungen in Bezug auf das Wer, Wie, Was und Wann aus dem Weg gehen, desto leichter und natürlicher kann sich die Magie des Lebens entfalten. Und wir werden, wenn wir diesen Weg einschlagen, die Erfahrung machen, dass das Leben freundlich und uns wohlgesonnen ist.

So entsteht nach und nach aus dem alten Teufelskreis des Mangels ein Engelskreis der Fülle und Entspannung.

Sein und Handeln

Auf der „Protagonisten-Ebene" unseres Daseins leben wir in einer Erfahrungswelt der Dualität. Deshalb stehen auf dieser Ebene Sein und Handeln untrennbar nebeneinander. Sein und Handeln sind aber auch zwei Grundprinzipien, die, jedes für sich, eine wesentliche Bedeutung für das Leben spielen.

In unserer Welt sind sie aus dem Gleichgewicht geraten. Der Aspekt des Handelns ist in der westlichen Welt über die Maßen in den Vordergrund getreten. Das Empfinden von Mangel und Existenzangst verhindert auf der einen Seite ein heilsames Eintauchen in die Qualität des Seins und treibt, auf der anderen Seite, zu immer hektischerem Handeln an.

Dazu kommt noch die Fixierung auf die männlich-aktive Herangehensweise an das Leben.

Wir haben, zumindest teilweise, über diese Hektik den Blick dafür verloren, was an Aktion eigentlich wirklich in unseren Zuständigkeitsbereich fällt und was überhaupt sinnvoll ist. Im Extremfall können wir entweder gar nicht mehr loslassen, sondern versuchen, alles im Leben unter Kontrolle zu haben, oder wir fühlen uns trotzig, gelähmt oder resigniert und machen gar nichts mehr.

Gay Hendriks *63 hat sehr treffend drei Zuständigkeitsbereiche für das Leben herausgearbeitet: meine Angelegenheiten, deine Angelegenheiten und Gottes Angelegenheiten. Teilweise habe ich diese Unterscheidungskriterien schon im 8. Kapitel angesprochen.

Diese Unterscheidung kann sehr hilfreich sein, um sich selbst und sein Handeln wieder in ein Gleichgewicht zu bringen, wenn man droht, sich über das gesunde Maß hinaus zu verausgaben oder dabei ist, zu resignieren.

Meine Angelegenheiten sind die Dinge, für die nur ich Verantwortung übernehmen kann. Die Einstellung zu meinem Körper, zum Beispiel in Bezug auf Bewegung, Ruhe, Ernährung etc. Aber auch alle Entscheidungen, die ich treffe, und der Anteil, den ich

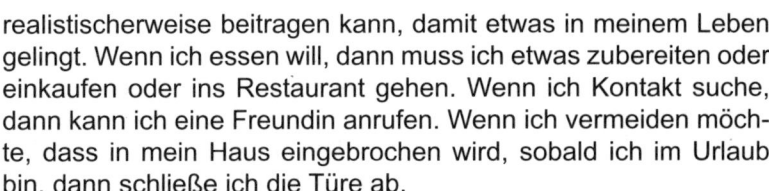

realistischerweise beitragen kann, damit etwas in meinem Leben gelingt. Wenn ich essen will, dann muss ich etwas zubereiten oder einkaufen oder ins Restaurant gehen. Wenn ich Kontakt suche, dann kann ich eine Freundin anrufen. Wenn ich vermeiden möchte, dass in mein Haus eingebrochen wird, sobald ich im Urlaub bin, dann schließe ich die Türe ab.

Deine Angelegenheiten beziehen sich auf den Zuständigkeitsbereich der Menschen, die uns umgeben. Wenn Du weiter Alkohol trinken möchtest, dann kann ich das schlecht finden und sogar eine Diskussion mit Dir darüber anfangen, aber was du letztlich entscheidest, ist deine Angelegenheit und ich muss mir klarmachen, dass es einen Punkt gibt, wo ich nichts tun kann. Wenn Du wählst, die Stadt zu wechseln, weil Du ein tolles Arbeitsangebot hast, dann kann ich traurig oder enttäuscht sein, aber letztendlich sind es Deine Wahl und Angelegenheit. Meine Angelegenheit wären dann die Konsequenzen, die für mich aus Deinen Entscheidungen entstehen.

Unter Gottes Angelegenheiten fallen alle Ereignisse, die wir ansonsten vielleicht mit Schicksal bezeichnen würden. Ich breche besonders früh auf, weil ich ein Vorstellungsgespräch habe und pünktlich sein will. Dann wird die Autobahn gesperrt, weil es einen Unfall gegeben hat, und ich komme drei Stunden nicht vom Fleck. Oder ich begegne zu einem bestimmten Zeitpunkt einer bestimmten Person, die sich als meine große Liebe herausstellt. Das sind Dinge, die ich nicht in der Hand habe. Da kann ich heulen und mit den Zahnen knirschen oder mich staunend freuen über das unverhoffte Glück – es ist dann, wie es ist.

Wie ich es in diesem Kapitel an anderer Stelle schon angedeutet habe, besteht das Problem häufig darin, dass wir dazu tendieren, uns entweder für alles oder gar nichts verantwortlich zu fühlen, oder uns an der falschen Stelle engagieren. Letzteres hat oft mit den alten Fixierungen des Brauchens zu tun. Wenn ich glaube, ich brauche Hans für mein Überleben, dann werde ich meine ganze Energie darauf richten, Hans so „zurechtzubiegen", dass ich von ihm das bekomme, was ich brauche. Das ist zumeist ein völlig obsoletes Unterfangen, und es geht allen Beteiligten nicht gut dabei.

Besser wäre es, wahrzunehmen, was ich mir wünsche, und es zwar einerseits zu kommunizieren (Hans soll ja seine Chance bekommen), aber dann weiter zu schauen, was ich dafür tun kann, damit sich dieser Wunsch für mich erfüllt. Ein unverzichtbarer Schritt dabei ist immer, Wünsche, die wir haben, für das Leben sichtbar zu machen – zum Beispiel in Form einer Bitte – und dem Leben so die Möglichkeit zu geben, mich unvorhergesehener Weise und wundersam zu beschenken.

Es ist immer wieder hilfreich, die verschiedenen Zuständigkeitsbereiche zu erkennen. Auf diese Weise kann ich mich auf das konzentrieren, was meine Angelegenheiten sind, und der Rest liegt nicht in meiner Hand. Dann kann ich mich zurücklehnen und getrost dem Leben selbst das Ruder überlassen. So entsteht ein natürliches Gleichgewicht zwischen den Polen des Seins und des Handelns in meinem Leben. In diesem Gleichgewicht kann ich den Herausforderungen des Lebens begegnen, meine Kräfte erproben und stärken und mein kreatives Potenzial entfalten – und es gibt gleichzeitig einen natürlichen Raum, wo ich die Möglichkeit habe, loszulassen, zu entspannen und mich zu regenerieren. In diesen Momenten kann ich, wenn ich möchte, in die Qualität des reinen Seins eintauchen. Dieser Raum des Seins ist zugleich der kreative Raum aller Möglichkeiten, aus dem dann neue Kraft und Inspiration für mein Leben entstehen kann.

Die Magie tritt in Kraft

Zusammenfassend lässt sich sagen, dass es zwei heilsame Grundhaltungen im Leben gibt, in deren Gleichgewicht wir die Voraussetzungen schaffen können, um ein Leben in Fülle zu erfahren. Die eine ist die Eigenverantwortung. Selbstverantwortung ist keine Überverantwortung und auch nicht so gedacht, dass wir am Ende doch alles allein bewältigen müssen. Was wir von uns aus tun können, um glücklich zu sein im Leben, ist dies: Alle Aspekte der Geschichte unseres Lebens anschauen und heilen, die zu begrenzenden Vorstellungen über uns selbst, über andere und das Leben als Ganzes geführt haben.

Das konnten Sie vielleicht ein bisschen erfahren, wenn Sie mit den Releasingsätzen gearbeitet haben, die ich am Ende der einzelnen Kapitel angeboten habe.

Darüber hinaus haben wir die Aufgabe, uns der Welt zu zeigen und zu schenken. Wir dürfen uns zumuten mit dem, was wir uns wünschen, und das geben, was wir beitragen wollen mit unserer Liebe und Kreativität. Dazu müssen wir auf andere Menschen und die Welt zugehen und uns zeigen und ausdrücken.

Die andere Grundhaltung ist die der Empfänglichkeit. Mit jedem Schritt, den ich gehe, um meine alten begrenzenden Muster zu heilen – egal wie und auf welcher Ebene ich das tue – schaffe ich mehr und mehr Raum für Entspannung in meinem System. Das existenzielle Gefühl des Brauchens relativiert sich. Indem ich mich dem Leben anvertraue, fühle und erfahre ich seine Fülle und Güte, weil ich keine Agenda mehr darüber habe, was in jedem Moment geschehen muss, damit es mir gut geht. All das generiert ein Grundgefühl von Liebe und Dankbarkeit in mir.

Und eben diese Eigenschaften der Liebe und Dankbarkeit erschaffen den magischen Raum, der genau das in unserem Leben anzieht, was die Liebe und Dankbarkeit rechtfertigen. So ist die Dankbarkeit der optimale Nährboden für unser Glück. Dankbarkeit als eine Grundhaltung ist die höchste Form der Empfänglichkeit. Es gibt ein bekanntes tibetisches Sprichwort: „There is no way to happyness. Happyness is the way." (Es gibt keinen Weg zum Glück. Das Glück ist der Weg.)

Dankbarkeit und Liebe sollen aber niemals als Konzept oder hohle Fassade gelebt werden. So als eine Art raffiniertes Rezept für das Glück. Auch wenn es so funktioniert, funktioniert es nur, wenn es echt ist. Und ES ist nur echt, wenn ICH echt bin, das heißt: authentisch. Wenn ich in Wirklichkeit wütend und verletzt bin, dann wird es mir nicht viel nützen, mir einzureden oder andere glauben zu machen, dass ich doch sooo voller Liebe und Dankbarkeit bin. Das ist ein sehr schmaler Grad, auf dem wir wandern. Und vielleicht ist es hilfreich, sich diese Entwicklung weniger als einen linearen Prozess vorzustellen, sondern vielmehr, wie ich im ersten Kapitel schon geschrieben habe, als eine spiralförmige Bewegung. Es geht nicht darum, im Sinne einer spirituellen Leistung immer besser, heiler und empfänglicher zu werden. Sondern ich sehe es eher so, dass wir in dem, was wir hier in diesem Leben und diesem speziellen Körper lernen möchten, uns spüren, entwickeln und dabei immer wieder entscheidende Erkenntnisse und Entwicklungsschritte machen. Die Themen, die mit diesen Entwicklungsschritten verbunden sind, werden immer wieder auf einer neuen Ebene aktiviert und wühlen dabei vielleicht noch einmal etwas in uns auf. Doch wir werden immer durchlässiger und undramatischer, bis das betreffende Thema eine nette kleine Eigenart unserer Individualität ist, auf die wir mit Liebe und Humor schauen können.

Das Leben wird uns immer wieder vor Herausforderungen stellen. Das ist, nur für sich betrachtet, einfach spannend und belebend. Jede Herausforderung lockt uns über die alten Grenzen, die wir für den Tellerrand der Welt gehalten haben, an dem es scheinbar nicht weiterging, in immer größere und weitere Dimensionen des Lebens und der Vorstellung dessen, wer wir sind.

Wenn wir eine wirkliche Krise im Leben erfahren, dann liegt es nicht daran, dass das Leben und alle beteiligten Protagonisten uns kaltherzig fallen gelassen und betrogen haben. Das sind vielmehr die besonderen Momente in unserem Leben, in denen wir die Möglichkeit haben, einen Quantensprung in unserer Entwicklung zu vollziehen. Wir dürfen dabei alle Hilfe in Anspruch nehmen, die wir bekommen können.

Das Leben spielt sich im ständigen Wechsel zwischen Sein und Handeln ab. Auch wenn wir immer wieder dazu aufgerufen sind, Verantwortung für uns und unser Leben zu übernehmen, zu erschaffen und im Einklang mit den Wünschen unserer Persönlichkeit und dem Streben unseres höheren Selbst immer mehr Fülle und Freude in unserem Leben zu manifestieren, so sind wir in den heutigen Strukturen unserer Gesellschaft und besonders als Frauen an einem Punkt angelangt, an dem es notwendig ist, die Qualität des Seins zu stärken.

Das Sein ist der Raum und der Urgrund in und aus dem heraus Handeln entsteht. Die Qualität des Seins bestimmt die Qualität unseres Handelns und die Grundqualität unseres Lebens.

Der Raum des Seins ist auch ein Raum der Regeneration für alles, was existiert, von unserem vitalen individuellen System bis hin zum Universum. Hier ist Ruhe und Nahrung.

Wir Frauen haben durch unseren natürlichen Magnetismus leichter Zugang zu diesem Raum.

Für uns, aber auch für das kollektive Feld und alle Menschen in unserer westlichen Gesellschaft, ist es von großem Wert, wenn wir den Zugang zu diesem stillen Raum des Seins in uns etablieren und stärken. Auf diese Weise können sich nach und nach der Wahnsinn und die Erschöpfung in uns wie auf diesem Planeten beruhigen, und so kommen das individuelle, kollektive und planetare Bewusstsein wieder in sein natürliches Gleichgewicht.

Mögen alle Wesen in allen Welten glücklich sein

Intermezzo:
Releasingsätze zum Thema
„Vom Leben getragen sein"

~ Ich lasse los das alte Grundgefühl des Mangels in mir.
~ Ich lasse los die Überzeugung, dass ich nicht das bekomme, was ich brauche.
~ Ich lasse los die Auswirkungen von Hunger, Schmerz und Einsamkeit aus den ersten Lebensjahren.
~ Ich lasse los das alte Gefühl der Hilflosigkeit aus meiner Babyzeit, mich nicht artikulieren zu können.
~ Ich lasse los das alte Gefühl von Angst und Hilflosigkeit über meine Abhängigkeit von anderen.
~ Ich lasse los das Gefühl von damals, nicht gesehen und verstanden zu werden.
~ Ich lasse los alle Gefühle der Ohnmacht darüber.
~ Ich lasse los alle Gefühle der Existenzangst von damals.

~ Ich lasse los alle Auswirkungen des Mangels an Körperkontakt.

~ Ich lasse los alle Traurigkeit und Einsamkeit darüber.

~ Ich lasse los das Gefühl und die Überzeugung, dass ich mich nur auf mich selbst verlassen kann.

~ Ich lasse los die Entscheidung, alles alleine zu machen.

~ Ich lasse los alle Angst, Anspannung und das Gefühl der Überforderung, was dadurch in meinem System entstanden ist.

~ Ich lasse los die Angst, ins Leere zu fallen, wenn ich mich öffne und entspanne.

~ Ich lasse los das Programm und die Überzeugung, dass das Leben mir nichts schenkt.

~ Ich lasse los das Gefühl, dass das Leben willkürlich und grausam ist.

~ Ich lasse los die Erwartung, all das nicht zu bekommen, was ich mir so dringend wünsche.

~ Ich lasse los das gelernte Muster indirekt zu kommunizieren.

~ Ich lasse los die Erwartung, nicht das zu bekommen, was ich möchte, wenn ich direkt kommuniziere.

~ Ich lasse los die Tendenz und die Notwendigkeit, zu manipulieren.

~ Ich lasse los die tiefe Überzeugung, dass nur meine Mutter mir geben kann, was ich brauche.

~ Ich lasse los die tiefe Überzeugung, dass nur .... (Name) mir geben kann, was ich brauche.

~ Ich lasse los die alte Fixierung auf bestimmte Personen, in Bezug auf die Erfüllung meiner Bedürfnisse.

~ Ich lasse los die Angst, nicht das zu bekommen, was ich mir wünsche, wenn ich mich entspanne.

~ Ich lasse los die Notwendigkeit, zu kämpfen.

~ Ich lasse los den Glaube und das Programm, dass das Leben auf der Erde von Mangel bestimmt ist.

~ Ich lasse los alle Auswirkungen aus allen Situationen und Inkarnationen, in denen ich existenzielle Not und Mangel erleiden musste.

~ Ich lasse los alle Auswirkungen davon, durch Krieg oder Naturkatastrophen meine Lebensgrundlage verloren zu haben.

~ Ich lasse los alle Identifikation mit dem kollektiven Feld solcher Erfahrungen.

~ Ich lasse los alle Angst und Panik von damals.

~ Ich lasse los alle Hoffnungslosigkeit.

~ Ich lasse los allen Hader mit Gott, dem Leben und meinem Schicksal.

~ Ich lasse los die Enttäuschung und Ernüchterung dem Leben gegenüber.

~ Ich lasse los alle Überidentifikation mit meinem Körper.

~ Ich lasse los alle Todesangst aus den betreffenden Situationen.

~ Ich lasse los das tiefe Gefühl, dass ich dem Leben nicht vertrauen kann.

~ Ich lasse los die Entscheidung, dem Leben nie wieder zu vertrauen.

~ Ich lasse los die Überzeugung, dass ich kämpfen muss, um zu bekommen, was ich will.

~ Ich lasse los alle Erschöpfung über den alten vergeblichen Kampf in meinem Leben.

~ Ich lasse los die Entscheidung, zu resignieren und gar nichts mehr zu tun.

~ Ich lasse los die Weigerung, Verantwortung für meine Angelegenheiten zu übernehmen.

~ Ich lasse los allen Trotz gegen Gott, gegen das Leben, gegen meine Eltern, gegen die Anforderungen des Lebens.

~ Ich lasse los das Gefühl der Hoffnungslosigkeit, Vergeblichkeit und der Überforderung dem Leben gegenüber.

~ Ich lasse los alles Misstrauen dem Leben gegenüber.

~ Ich lasse los das Gefühl und die Überzeugung, dass ich es mir nicht leisten kann, mich zu entspannen.

~ Ich lasse los die Angst und den Widerstand dagegen, mich ins Leben hinein zu entspannen.

~ Ich lasse los die Angst und den Widerstand, dem Leben zu vertrauen.

~ Ich lasse los die Überzeugung und die Erwartung, alle Sicherheit im Leben zu verlieren, wenn ich loslasse, mich entspanne und dem Leben anvertraue.

~ Ich lasse los alle alten Vereinbarungen mit anderen Menschen, uns gegenseitig einzuschränken, um Sicherheit zu erzeugen.

~ Ich lasse los die Angst ins Leere zu fallen, wenn ich aufhöre, mein Leben zu kontrollieren.

~ Ich lasse los die alte Entscheidung, lieber Verantwortung für andere zu übernehmen, als für mich selbst und meine Wünsche.

~ Ich lasse los das Gefühl und die Überzeugung, falsch, schlecht und egoistisch zu sein, wenn ich für meine Wünsche einstehe.

~ Ich lasse los alle Angst, mein Herz zu öffnen und mich dem Leben anzuvertrauen.

~ Ich lasse los den alten Groll und das Gefühl, dass mir das Leben, oder .... noch etwas schuldet.

~ Ich lasse los allen Trotz und alle Weigerung, mich zu öffnen.

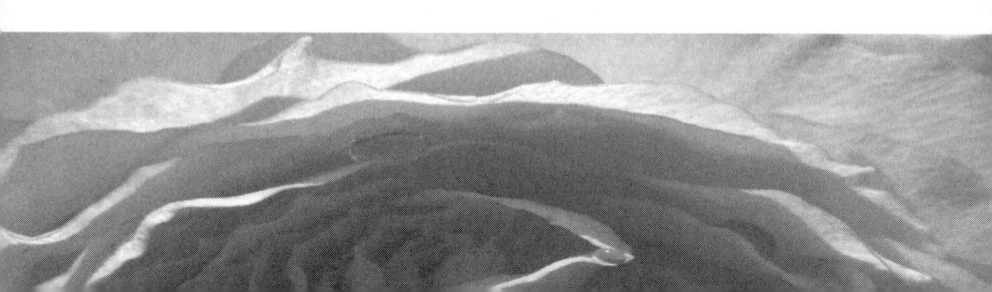

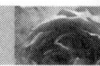
Danksagung

Ich möchte mich an erster Stelle beim Leben selbst bedanken. Danke, dass ich in dieser Zeit in einem weiblichen Körper lebe, in einer Gesellschaft, in der ich mich als Frau frei bewegen kann und dadurch meinen Teil zur Heilung der Weiblichkeit beitragen kann. Ich fühle mich gesegnet.

Ich danke, in Liebe, meiner Familie. Meinem Mann Christof, mit dem ich einen langen und intensiven gemeinsamen Weg gegangen bin. Danke für alles! Danke für das, was ich mit Dir bisher über mich selbst und meine Weiblichkeit lernen durfte! Ich danke meinen drei Töchtern Anna, Louisa und Mira, die mir in ihrer Schönheit immer ein leuchtendes Beispiel für das Wunder der Weiblichkeit sind. Ich bin dankbar und glücklich, Eure Mutter sein zu dürfen! Danke, dass ich durch Euch die Erfahrung der Mutterschaft machen darf!

Ich danke allen Freundinnen in meinem Leben, die mir geholfen haben, meine alte Ambivalenz den Frauen gegenüber zu überwinden und zu heilen. Ich danke für die Erfahrung von Nahrung, die ich durch und mit Euch machen darf. Stellvertretend nenne ich Christina, Barbara, Gabriele, Kati, Ruth, Simone, meine Pulsing-Familie, meine Dakini-Schwestern und alle Frauen, die da waren und noch kommen werden. Ich liebe Euch!

Ich danke von Herzen meinen beiden Probeleserinnen Inga Kamieth und Barbara Fehr, die mich ermutigt haben und gleichzeitig wertvolle Hinweise gegeben und konstruktive Kritik geübt haben, sodass sich das Buch noch runden konnte. Danke liebe Kati, dass Du das ganze Buch gelesen hast und mir mit Deinen fachkundigen Anregungen den Mut gegeben hast, die fertige Struktur noch einmal zu überarbeiten. Danke an Anna Scherer für ihre großartige Arbeit. Danke für Eure Zeit und Euer Engagement! Und ganz besonders möchte ich mich bei Cornelia Linder, meiner Verlegerin und Lektorin bedanken, für die Aufmerksamkeit und Geduld beim Lesen und Lektorieren meines Manuskripts. Vielen Dank, Cornelia, dass Du diesem Buch Dein Vertrauen schenkst!

Literaturliste

1. Kapitel: Der Mensch – ein multidimensionales Wesen

~ Marco Bischof: Tachyonen, Orgonenergie, Skalarwellen: Feinstoffliche Felder zwischen Mythos und Wissenschaft (2002) von AT Verlag

~ Barbara Ann Brannan: Licht-Arbeit. Das große Handbuch der Heilung mit körpereigenen Energiefeldern (1989) von Goldmann

~ Arthur E. Powell: Der Ätherkörper. Das feinstoffliche Energiesystem des Menschen (2002) von Aquamarin *1

~ Rupert Sheldrake: Das schöpferische Universum. Die Theorie des morphogenetischen Feldes (1993) von Ullstein *2

~ C. G. Jung: Die Archetypen und das kollektive Unbewusste (2011) von Patmos *3

~ Ken Keyes: The hundredth monkey (1982) von World Peace *4

~ Lynne McTaggert: Das Nullpunkt-Feld: Auf der Suche nach der kosmischen Urenergie (2007) von Goldmann TB *5

~ Bert Hellinger: Zweierlei Glück. Konzept und Praxis der systemischen Psychotherapie Bert Hellingers (2006) von Goldmann *5

~ What the bleep do we (k)now!? DVD (2006) *6

~ Bert Hellinger: Ordnungen der Liebe. Ein Kurs-Buch von Bert Hellinger (2010) von Carl-Auer-Systeme Verlag

2. Kapitel: Was unterscheidet Mann und Frau?

~ Cyndi Dale und Juliane Molitor: Der Energiekörper des Menschen: Handbuch der feinstofflichen Anatomie (2012) von Lotos Verlag *7

~ John Pierrakos: Core Energetik – Zentrum deiner Lebenskraft (1998) von Synthesis

~ Ellen Grasse: Chakren- und Auradiagnose – Krankheiten erkennen und heilen durch Energiearbeit (2000) von Knaur

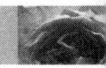

~ Stanley Krippner, Daniel Rubin: Lichtbilder der Seele. PSI sichtbar gemacht (1989) von Goldmann *8

~ Dora Kunz: Die Aura. Farben und Symbole des menschlichen Energiefeldes (1994) von Aquamarin *9

~ Douglas M. Baker: Die Menschliche Aura (2011) von eBooks Publishing *10

~ Shailila Sharamon, Bodo J. Baginski: Das Chakra-Handbuch. Vom grundlegenden Verständnis zur praktischen Anwendung (2007) von Windpferd *11

~ Klausbernd Vollmar: Fahrplan durch die Chakren. Ein Übungsbuch zur Aktivierung der Energiezentren (1996) von Rowohlt TB

~ Volker Bretz: Die Kundalini-Energie wecken: Von der göttlichen Urkraft in uns (2007) von Kailash *12

~ Mantak Chia und Ralph Tegtmeier: Tao Yoga der Liebe. Der Weg zur unvergänglichen Liebeskraft (2008) von Heyne

~ Diana Richardson: Zeit für die Liebe (2004) von Innenwelt Verlag *13

3. Kapitel: Was ist Weiblichkeit? Die Geschichte der Frau

~ Rita Carter, Stephan Matthiesen, Karin Hofmann und Jorunn Wissmann: Das Gehirn: Anatomie, Sinneswahrnehmung, Gedächtnis, Bewusstsein, Störungen (2010) von Dorling Kindersley Verlag *14

~ Daniel J. Siegel, Franchita Mirella Cattani: Die Alchemie der Gefühle: Wie die moderne Hirnforschung unser Seelenleben entschlüsselt – das Navigationssystem emotionaler Klarheit (2010) von Kailash

~ Eva Ensler, Peter Staatsmann, Bettina Schültke: Die Vagina-Monologe (2005) von Piper TB *15

4. Kapitel: Die Ebenen der Heilung

~ What the bleep do we (k)now!? DVD (2006) *16

~ Dorothea Beigel: Wurzeln und Flügel: Persistierende Restreaktion frühkindlicher Reflexe und ihre Auswirkung auf Lernen und Verhalten (2011) von Verlag Modernes Lernen *17

~ Walter Schmidt: Dicker Hals und kalte Füße: Was Redensarten über Körper und Seele verraten – eine heitere Einführung in die Psychosomatik (2011) von Gütersloher Verlagshaus *18

~ Alexander Lowen und Jürgen Bauendamm: Bioenergetik: Therapie der Seele durch Arbeit mit dem Körper (2008) von rororo TB *19

~ Wataru Ohashi: Shiatsu, die japanische Fingerdrucktherapie (1999) von Bauer Verlag*20

~ Wilfried Barlow, Rüdiger Retzlaff: Die Alexander-Technik: Gesundheit und Lebensqualität durch den richtigen Gebrauch des Körpers (2008) Schirner Verlag *21

~ Tibetan Tantra *22 – Artikel unter *64 (siehe Seite 193 ff)

~ Eileen Caddy, Liza Hollimgshead, Erika Ifang: Flug in die innere Freiheit (2002) von Greuthof*23

~ Bert Hellinger: Zweierlei Glück. Konzept und Praxis der systemischen Psychotherapie Bert Hellingers (2006) von Goldmann *24

~ Antonio R. Damasio: Der Spinoza-Effekt: Wie Gefühle unser Leben bestimmen (2004) von List TB *25

~ Eckhart Tolle: Jetzt! Die Kraft der Gegenwart: Ein Leitfaden zum spirituellen Erwachen (2010) von Kamphausen *26

5. Kapitel: Einführung in die Technik des Releasings

~ Christof Langholf: Ich lasse los. Das Erfahrungsbuch für innere Heilung und spirituelles Wachstum (2001) von Sich Verlag *27

~ Markus Langholf: Der Pfad des lebendigen Geistes – Loslassen! Ein philosophischer Reiseführer durch die inneren Welten. Der Klassiker der Releasingmethode! (1999) von Sheema Medien Verlag

~ Herausgeber Markus Langholf: Releasing: Frei sein durch Loslassen – ein Workshop mit Isa und Yolanda (2003) von Sheema Medien Verlag *28

~ Diana und Michael Richardson: Zeit für Gefühle. Die Krux mit den Emotionen in der Partnerschaft (2005) von Innenwelt Verlag *29

~ Maja Storch, Benita Cantieni, Gerald Hüther und Wolfgang Tschacher: Embodiment. Die Wechselwirkung von Körper und Seele verstehen und nutzen (2010) von Huber, Bern *30

~ What the bleep do we (k)now!? DVD (2006) *31

6. Kapitel: Im Körper sein

~ Alois Serwaty und Joachim Nicolay: Nahtoderfahrungen – neue Wege der Forschung: Tagungsbeiträge (2009) von Santiago Verlag *32

~ Jeffrey Long, Paul Perry und Astrid Ogbeiwi: Beweise für ein Leben nach dem Tod: Die umfassende Dokumentation von Nahtoderfahrungen aus der ganzen Welt (2010) von Goldmann

~ Stefan von Jankovich: Ich war klinisch tot: Der Tod – mein schönstes Erlebnis (2011) von Drei Eichen Verlag

~ Giacomo Rizzolatti, Corrado Sinigaglia, Friedrich Griese: Empathie und Spiegelneurone: Die biologische Basis des Mitgefühls. (2008) von Suhrkamp

~ Joachim Bauer: Warum ich fühle, was du fühlst: Intuitive Kommunikation und das Geheimnis der Spiegelneurone (2006) von Heyne *33

~ Gerald Hüther und Inge Krens: Das Geheimnis der ersten neun Monate: Unsere frühesten Prägungen (2011) von Beltz *34

~ Walter Schmidt: Dicker Hals und kalte Füße: Was Redensarten über Körper und Seele verraten – eine heitere Einführung in die Psychosomatik (2011) von Gütersloher Verlagshaus *35

~ Rüdiger Dahlke: Krankheit als Symbol: Ein Handbuch der Psychosomatik. Symptome, Be-Deutung, Einlösung (2007) von Bertelsmann

~ Nancy Friday: Wie meine Mutter (2005) von Fischer Taschenbuch Verlag *36

~ Susanne und Edward Cohen: Meine Mutter macht mich ganz verrückt. Wie Töchter mit ihren Müttern besser umgehen können (1998) von Kabel Verlag

Chr. Bernard, E. Schlaffer: Wie aus Mädchen tolle Frauen werden (2000) von Heyne

7. Kapitel: Im Leben stehen

~ Jörg Riemeyer: Die Logotherapie Victor Frankls und ihre Weiterentwicklung. Eine Einführung in die sinnorientierte Psychotherapie (2007) von Hüber *37

~ Philippa Gregory und Ulrike Seeberger: Die Schwester der Königin. Roman (2006) von Aufbau Taschenbuch *38

8. Kapitel: Die Vagina, das Tor zur Fülle

~ Diana Richardson: Zeit für Liebe. Sex, Intimität und Ekstase in Beziehungen (2001) von Innenwelt Verlag *39

~ A. Bartels, S. Zeki: The neural basis of romantic love (2000) Internetartikel *40

~ S. W. Gangestad, R. Thornhill: Menstrual cycle variation in women`s preferences for the scent of symmetrical men (1998) von The royal society, Internetartikel *41

~ Louann Brizendine: Das weibliche Gehirn. Warum Frauen anders sind als Männer (2008) von Goldmann *42

9. Kapitel: Die Paarbeziehung – der Spiegel zum Selbst

~ Joachim Bauer: Das Gedächtnis des Körpers: Wie Beziehungen und Lebensstile unsere Gene steuern (2004) von Piper TB *43

~ John Bradshaw: Das Kind in uns. Wie finde ich zu mir selbst (2000) von Droemer Knaur*44

~ Gay Hendricks: Bewusster leben und lieben: Von der Kunst, sich selbst und anderen zu begegnen (2001) von Kösel *45

~ John Bradshaw: Creating Love: A New Way of Understanding our Most Important Relationships: The Next Great Stage of Growth (1994) *46

~ Antonio R. Damasio: Descartes` Irrtum: Fühlen, Denken und das menschliche Gehirn (2004) von List TB

~ Manfred Spitzer und Wulf Bertram: Hirnforschung für Neu(ro)gierige: Braintertainment 2.0 (2009) von Schattauer

~ Gabriele und Rolf Fröböse: Lust und Liebe – alles nur Chemie? (2004) von Wiley-VCH Verlag GmbH & Co KGaA *47

~ John M. Gottman: Die 7 Geheimnisse der glücklichen Ehe (2002) von Ullstein TB *48

10. Kapitel: Sexualität.
Die Wiederentdeckung der körperlichen Erfüllung

~ C. G. Jung: Heros und Mutterarchetyp, Grundwerke Band 8 (2012), von Exlibris, Zürich *49

~ Erich Neumann: Die Große Mutter (1997) von Walter Verlag

~ Didi Lindewald von Wagner: Schritte zurück ins Leben. Eine wahre Geschichte über sexuellen Missbrauch und das Leben danach (2005) von Wagner *50

~ Susann Krumpen: Wildrose Überlebende. Menschen nach sexuellem Missbrauch (2009) von Books on Demand

~ Max H. Friedrich: Tatort Kinderseele. Sexueller Missbrauch und die Folgen (2001) von Ueberreuther

~ Wendy Maltz: Sexual Healing. Ein sexuelles Trauma überwinden (1993) von Rowohlt *51

~ Barry Long, Ingrid Hasenhündl und Corinna Titz: Sexuelle Liebe auf göttliche Weise (2004) von Neue Erde *52

~ Diana Richardson: Zeit für Liebe. Sex, Intimität und Ekstase in Beziehungen (2001) von Innenwelt Verlag *53

~ Leila Bust, Björn Leimbach: Tantra. Das Liebes- und Beziehungstraining für Singles und Paare (2009) von Ellert & Richter Verlag *54

~ Doris Christinger und Peter Schröter: Vom Nehmen und Genommenwerden. Für eine neue Beziehungserotik (2010) von Piper TB

~ Doris Christinger: Auf den Schwingen weiblicher Sexualität. Eine Liebesschule für Frauen (2009) von Piper TB *55

~ Diana Richardson, Rajmani Müller und Jivana Werner: Zeit für Weiblichkeit. Der tantrische Orgasmus (2004) von Innenwelt Verlag

~ Miranda Grey: Roter Mond. Von der Kraft des weiblichen Zyklus (1996) von Irisana *56

~ David Deida: Du bist Liebe. Männer, Sex und tiefes Liebesglück – ein Ratgeber (nicht nur) für Frauen (2008) von Kamphausen *57

~ David Deida: Der Weg des wahren Mannes. Ein Leitfaden für Meisterschaft in Beziehungen, Beruf und Sexualität (2006) von Kamphausen

~ Jeffrey Eugenides: Middlesex (2004) von rororo *58

11. Kapitel. Vom Leben getragen

~ Wilhelm Reich: Die Entdeckung des Orgons! Funktion des Orgasmus: Sexual-ökonomische Grundprobleme der biologischen Energie (1987) von Kiepenheuer & Witsch

~ Dietrich Langen und Karl Mann: Autogenes Training: Ruhe und Kraft für den Alltag. 3 x täglich 2 Minuten (2005) von Gräfe und Unzer Verlag GmbH *59

~ Friedrich Hainbuch: Progressive Muskelentspannung (mit Audio-CD) (2010) von Gräfe und Unzer Verlag GmbH *60

~ Gustl Marlock und Halko Weiss: Handbuch der Körperpsychotherapie (2006) von Schattauer *61

~ Bernd Senf: Die Wiederentdeckung des Lebendigen: Erforschung der Lebensenergie durch Reich, Schauberger, Lakhovsky u.a. (2003) von Omega-Verlag, Aachen *62

~ Gerda Boyesen, Mona Lisa Boyesen, Hidegard Höher und Theo Kierdorf: Die Gerda-Boyesen-Methode. Grundlage der biodynamischen Psychologie (1994) von Synthesis TB

~ Gay Hendricks: Bewusster leben und lieben. Von der Kunst, sich selbst und anderen zu begegnen (2001) von Kösel *63

*64 Anhang zum **Tibetan Tantra**

Tibetan Tantra geht auf eine sehr alte tibetische Tradition der Bewusstseinsarbeit zurück. Diese Körperarbeit löst und transformiert alte schmerzhafte, begrenzende und verfestigte Strukturen, die unser Bewusstsein in den Organen unseres Körpers als Erinnerungen gespeichert hat, auf sanfte und nachhaltige Weise. Tibetan Tantra basiert auf Prinzipien, die sich mit den Erkenntnissen der psychosomatischen Medizin vergleichen lassen. Auch in der Psychosomatik wurde ein Zusammenhang zwischen körperlichen Beschwerden und psychischen Ursachen hergestellt. So geht man im Tibetan Tantra davon aus, dass nicht nur körperliche, sondern auch seelische und emotionale Themen die Tendenz haben, sich in ganz bestimmten Organen abzulagern. Allerdings ist die Zuordnung der Themen, die die einzelnen Organe betreffen, zum Teil anders definiert als in der psychosomatischen Medizin.

Die Behandlung der Themen, seien die Ursachen organischer oder psychischer Natur, findet auf der körperlichen Ebene statt.

Im Tibetan Tantra wird mit zwei Grundelementen gearbeitet:

Das erste ist die sogenannte: „Kundalini-Energie". In den indischen und tibetischen Weisheitstraditionen bezeichnet die Kundalini-Energie die schöpferische Lebensenergie des Körpers. Ist diese Energie ganz aktiviert, erfährt der Mensch einen voll erwachten, präsenten Bewusstseinszustand. Aber auch ohne diesen voll erwachten Zustand kann man die Kundalini-Energie zu Heilungszwecken nutzen. Diese Kraft wird in der Arbeit vom Therapeuten aktiviert und eingesetzt, um das betreffende Organ, mit dem gearbeitet wird, zu energetisieren und Reinigungsprozesse in Gang zu setzen.

Das zweite Element ist die harmonisierende Kraft des Pulsschlags. Die Pulsfrequenz, um die es dabei geht, ist nicht der Pulsschlag unseres physischen Herzens, sondern die feine elektrische Energie, die durch unser Skelett fließt. Es gibt verschiedene spezifische Punkte am Körper, an denen man diese Pulsfrequenz erspüren kann und die mit den einzelnen Organen in Beziehung stehen. Jedes Organ ist nach dem tibetischen System auf verschiedenen Ebenen gleichzeitig aktiv, steht mit bestimmten anderen Organen in Verbindung und wird auf all diesen Ebenen gleichzeitig behandelt und harmonisiert.

Auf diese Weise lösen sich die alten physischen und psychischen Spannungen in den betreffenden Organen, die Selbstheilungskräfte werden aktiviert und die Energie kann wieder frei fließen.

Tibetan Tantra ist wohltuend und heilsam für Menschen beiderlei Geschlechts. In der heutigen Zeit ist es für Frauen und Männer von großem Wert, dass der psychosomatische Gesamtzustand des Systems Entlastung und Entspannung erfährt. Abgesehen von individuellen, ungelösten inneren Themen in der Psyche, die für Männer und Frauen dieselben sind. Eine besondere Bedeutung hat diese Arbeit jedoch für die Frau, die ihrer energetischen Natur oft – und sei es nur sehr subtil – entfremdet ist. Grundsätzlich trägt sie natürlicherweise etwas mehr empfängliche Energie in sich als der Mann. Um sich wirklich spüren zu können und innerlich erfüllt zu fühlen, ist es für sie von essenzieller Bedeutung, dass ihr Körper entspannt, empfänglich und energetisch durchlässig ist. Je befreiter die einzelnen Organe – und damit auch die Psyche und das Bewusstsein werden –, desto tiefer kann eine Frau in jenen entspannten Zustand eintauchen. Sie ruht in ihrer Mitte. Ihre Schönheit und Lebendigkeit fließen frei in ihr, durch sie hindurch und in ihr Leben hinein.

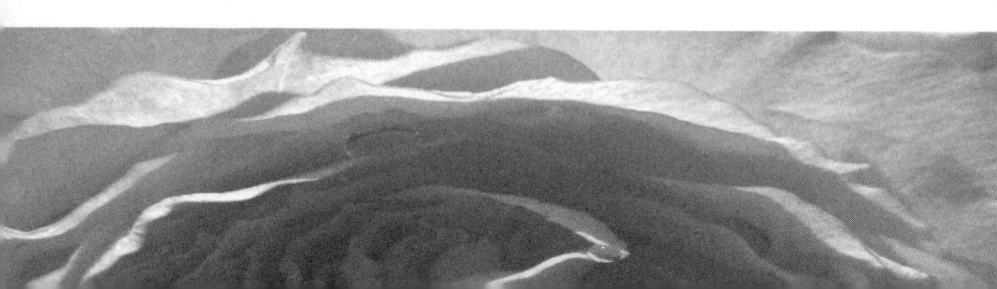

Über die Autorin

Katrin Langholf wurde 1962 in Heidelberg geboren. Prägend für ihre Entwicklung waren zwei längere Auslandsaufenthalte mit ihrer Familie während
ihrer Kindheit in Süd Afrika und Amerika.

Während ihres Studiums lernte sie die Begründer
der Releasingarbeit Dr. E. E. Isa und Ruth Yolanda
Lindwall kennen und erlernte deren Methode.

Im Laufe der Jahre erweiterte sie ihre Arbeit
durch systemische Ansätze, Atemarbeit und tantrische Körpertherapie.

Katrin ist Mutter von drei Töchtern.

Weitere Informationen:
www.weiblichkeit-entfalten.de

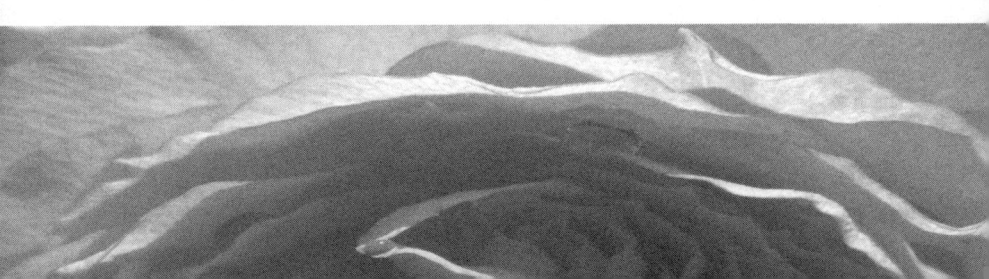

Leserservice

Katrin Langholf hat exklusiv für Sie drei Übungen aufgenommen, die Ihnen als Download gratis zur Verfügung stehen:

~ „Übung zum Erspüren der aktiven und rezeptiven Energie im Körper" (im Buch auf Seite 41)

~ „Entspannungseinleitung für den Releasingprozess" (für Phase 1 des Releasing-Prozesses, im Buch auf Seite 63)

~ „Atemübung zur Aktivierung des weiblichen Energiekreislaufs" (im Buch auf Seite 110)

Bitte hören Sie diese Übungen nicht während Sie Autofahren oder andere Tätigkeiten ausführen, die Ihre volle Konzentration verlangen. Wir empfehlen, sie in einem stillen und geschützten Ambiente zu hören - ohne Telefon, Türklingel, etc.

So kommen Sie in den Genuss, die Übungen zu hören:
Besuchen Sie im Internet folgende Website:

www.sheema-verlag.de/meingeschenk

tragen Sie dort Ihre Email-Adresse ein, bestätigen diese und schon erhalten Sie die drei Übungen als MP3-Dateien. Wir wünschen Ihnen viel Freude damit!

Dieses Buch ist auch als E-Book erhältlich:

Epub ISBN 978-3-931560-72-0
PDF ISBN 978-3-931560-73-7

Buchempfehlungen aus dem Sheema Verlag

Markus Langholf (Hrsg.)
Releasing - Frei sein durch Loslassen
- Ein Workshop mit Isa und Yolanda Lindwall.
Der Herausgeber Markus Langholf hat in jahrelanger Recherche Material gesammelt, zusammengestellt und ausgewertet - daraus entstand dieses erste schriftliche Dokument mit autorisiertem Originalmaterial von Dr. E.E. Isa und R. Yolanda Lindwall über die Theorie und Praxis des Releasing. Neben biographischem Material und philosophischem Basiswissen enthält das Buch eine inspirierende Fotoserie der kinesiologischen Muskeltests, die mit den entsprechenden wichtigsten seelischen Grundmustern der Releasing-Aussagen nach Dr. Lindwall kombiniert wurden.
255 Seiten, Hardcover, 58 Farbfotos, ISBN 978-3-931560-07-2

Sabine Treeß
Dem Ruf der Seele folgen
- Verwirkliche Deine Berufung mit Releasing und Schamanischen Reisen.
Haben Sie sich auch schon einmal die Frage nach dem Sinn, Ihrer Herzensvision und Ihrer Berufung gestellt? Gehen Sie den Weg des Labyrinths und finden Sie dabei die Lösung. Anleitungen für den Loslass-Prozess mit sich selbst und Anregungen für Schamanische Reisen (zusammen mit einer Trommel-CD) begleiten und unterstützen Sie dabei.
184 Seiten, Hardcover, durchgängig 4-farbig. Mit Begleit-CD (Trommel und Anleitung) für schamanische Reisen, ISBN 978-3-931560-28-7

André H. Höfer
Himmel und Erde - 1 - Jetzt
- Ein kleines 3 mal 3 mal 3 der Wiedervereinigung von Mann und Frau
Ein Selbsterfahrungsbuch für alle, die die Sehnsucht nach einem wahrhaftigen, liebevollen und erfüllten Leben auf unserem wunderschönen Planeten in ihren Herzen tragen. Einfach und klar, humorvoll und tiefsinnig wendet sich der Autor direkt an die Leserin/den Leser und lädt ein zu einer spannenden (psycho-logischen) Reise bis an den Anbeginn der Zeit, als die (seelische) Trennung zwischen Mann und Frau ihren Anfang nahm.
Unterhaltsam und leicht zu lesen, ist dieses Buch ein wertvoller und tiefgründiger Ratgeber mit Aufforderungscharakter zum sofortigen Anwenden – Lektüre und Praxis in einem!
240 Seiten, Hardcover, Lesezeichen, ISBN 978-3-931560-33-1

Wenn Sie sich für weitere Titel aus dem Sheema Medien Verlag interessieren, dann freuen wir uns, wenn Sie uns im Internet besuchen:

www.sheema-verlag.de

KONTAKT

Sheema Medien Verlag
Bücher. Aus Liebe.
Hirnsberger Str. 52
D - 83093 Antwort

Tel.: 08053 - 7992952
Fax: 08053 - 7992953

E-Mail: info@sheema.de
http://www.sheema-verlag.de

SHEEMA

MÖGEN ALLE WESEN GLÜCKLICH SEIN

Katrin Langholf

Von der Schönheit, Frau zu sein
Heilung und Entfaltung der Weiblichkeit

SHEEMA